Hermann Hesse, am 2. Juli 1877 in Calw/Württemberg als Sohn eines baltendeutschen Missionars und der Tochter eines schwäbischen Indologen geboren, 1946 ausgezeichnet mit dem Nobelpreis für Literatur, starb am 9. August 1962 in Montagnola bei Lugano.

Etwa der zehnte Teil aller Gedichte Hermann Hesses sind Liebesgedichte. Sie stammen aus dem Zeitraum zwischen seinem 15. und 55. Lebensjahr. Erstmals werden sie hier in einem Einzelband zusammengefaßt, der diese beinahe ausnahmslos gereimten und bis auf den heutigen Tag von zahllosen Komponisten vertonten Lieder in der zeitlichen Abfolge ihrer Entstehung überliefert.

»Die Dichter unserer Tage bieten viel Talent auf, die Entzauberung der Welt zu beschleunigen, und halten sich – wunderlicherweise – viel darauf zu Gute. Auch in den Dingen des Eros bemüht man sich mit Fleiß, ›die Dinge beim Namen zu nennen‹. Man spricht alles aus und sagt doch wenig oder nichts dabei und nichts, was wir nicht wüßten. Ein penetranter Sexualismus bietet den Schlüssel zur Sinnenwelt an. Wenn Hesse von Frauen, vom Eros berichtet, beginnt es zu duften und zu sprühen. Da streiten noch – wie Paul Valéry sagte – Sein und Nichtsein miteinander, und der Rang, den die Geliebte einnimmt, zeichnet zugleich den Liebenden aus. Geschwisterlichkeit waltet zwischen den Geschlechtern: alle würfeln ums Paradies mit der Aussicht, es für Minuten zurückzugewinnen.« *Rudolf Hagelstange.*

insel taschenbuch 2263

Hermann Hesse

Wunder der Liebe

Hermann Hesse
Wunder der Liebe

Liebesgedichte

Herausgegeben mit einem Nachwort
von Volker Michels

Insel Verlag

insel taschenbuch 2263
Erste Auflage 1998
Insel Verlag Frankfurt am Main und Leipzig
Der Abdruck der Gedichte erfolgt
mit freundlicher Genehmigung des
Suhrkamp Verlages Frankfurt am Main
Hermann Hesse, »Die Gedichte«
Suhrkamp Verlag Frankfurt am Main

Hinweise zu dieser Ausgabe am Schluß des Bandes
Vertrieb durch den Suhrkamp Taschenbuch Verlag
Umschlag nach Entwürfen von Willy Fleckhaus
Satz: Hümmer GmbH, Waldbüttelbrunn
Druck: Ebner Ulm
Printed in Germany

2 3 4 5 6 – 03 02 01 00

Wunder der Liebe

Liebeslied

Betty, schöne Kellnerin,
Lach nicht so gemein!
Du sollst meine Königin
Und mein Engel sein.

Ach, du weißt nicht, wie ich litt,
Als mit Worten und mit Gesten
Du mir ferneren Kredit
Weigertest vor allen Gästen!

Wenn du heut nicht reagierst,
Ja dich strenger zeigst und kälter,
Wisse, daß du dann verlierst
Deinen Freund und deine Gelder!

[1892]

Ins Album

O lache, so lange dir blüht das Glück,
Genieße mit hoffnungsfreudigem Blick
Die schönen, goldenen Tage!
O trinke die Liebe Kuß auf Kuß,
Es schwindet, es flieht der süße Genuß,
Der Liebe folgt die Klage.

Und wenn du im Schmerze lange geweint,
So denke an deinen liebenden Freund
Und denke seiner mit Treue.
Ist Glück und Liebe dir auch vergällt,
So fluche nicht gleich der ganzen Welt,
O fliehe, o fliehe – die Reue!

[1892]

Bahnhofstück

Auf einer Reise, heiß und matt,
Saß ich im überfüllten Wagen,
Ein altes, breites Zeitungsblatt
In beiden Händen aufgeschlagen.

Der Zug hielt an. Ich schaute auch
Wie andre müßig durch die Scheiben,
Sah Hüte, Schleier, halb im Rauch
Mir fensterlang vorübertreiben.

Da bog aus dunklem Seidenflor
Mit feiner Stirn und blonden Haaren
Ein schöner Frauenkopf sich vor,
Den ich gesucht seit vielen Jahren.

Ich schrak empor, und meine Hand
Fuhr zitternd nach dem Fensterrahmen,
Da hört ich im Gewühl genannt
Mit lauter Stimme ihren Namen.

Ich sah nun, den ich lang gehaßt,
Mit kühlem Gruße zu ihr treten,
Am Arm die leichte Reiselast,
Und hört ihn leise mit ihr reden.

Sie gingen weg. Der Pfiff erklang,
Ich sank zurück; ein schwerer, trüber,
Schmerzhafter Dunst ins Aug' mir drang,
Und draußen flog die Stadt vorüber.

[1896]

Villalilla

Auf weißen Säulen weiße Büsten,
In allen Wegen Fliederduft,
Und Schwalben schwirrend in der Luft.
Auf breiten Treppen schläft die Zeit,
Und von Akazien überschneit,
Die sich auf den Terrassen brüsten.

In meine Nische eng geschmiegt,
Hör ich den Fall der Aprikosen,
Ich seh im Sande sich die großen
Schatten der Säulen träg verschieben
Und weiß nicht, wo die Zeit geblieben,
Die träumend mir im Sinne liegt.

Vom fernen Dorf kommt liebesmüde
Herüber ein verwehter Tanz,
Und vor mir flirrt der Sonnenglanz
Wie damals, in verträumter Pracht,
Am Tag vor unsrer ersten Nacht,
Zur Zeit der Oleanderblüte.

Ich seh dein Bild in aller Pracht
Der ersten Liebe auferstehen,
Ich seh dich durch die Pforte gehen
Wie damals, – mit dem scheuen Bangen,
Mit rot und weißen Kinderwangen –
Am Tag vor unsrer ersten Nacht.

Ein müdes Plaudern der Fontänen
Wird tönend in der Stille laut,
– Wie damals! Meine Seele baut
An Träumen jener Nächte fort
Und sehnt nach einem Liebeswort
Sich müd, und sehnt sich müd nach Tränen.

[1897]

Drüben

Drüben überm Berge,
Wo die späten Glocken gehn,
Weiß ich eine große Stadt
Und ein kleines Haus drin stehn.

Drüben überm Berge
Und im Staub der großen Stadt
Weiß ich einen süßen Mund,
Der mein Herz vergiftet hat.

Drüben überm Berge,
Wo das lichte Leben wohnt,
Liegt die Welt und liegt mein Glück
Blind und fern im bleichen Mond.

Drüben überm Berge,
Wo die späten Glocken gehn,
Muß ich jede Nacht im Traum
Vor dem kleinen Hause stehn.

[1897]

Der Prinz

Wir wollten zusammen bauen
Ein eigenes schönes Haus,
Hoch wie ein Schloß zu schauen
Mit dem Blick über Strom und Auen
Auf die stillen Wälder hinaus.

Wir wollten alles verlernen,
Was klein und häßlich war,
Wir wollten Nähen und Fernen
Mit Liedern übersternen,
Die Kränze des Glückes im Haar.

Nun hab ich ein Schloß erbauet
In verstiegener Höhenruh;
Meine Sehnsucht steht dort und schauet
Sich müd und der Tag vergrauet, –
Prinzessin, wo bliebest du?

Nun gebe ich allen Winden
Meine heißen Lieder mit.
Sie sollen dich suchen und finden
Und sollen das Leid dir künden,
Das mein Herz um dich erlitt.

Sie sollen dir auch erzählen,
Ein lockend unendliches Glück,
Sie sollen dich küssen und quälen
Und sollen den Schlummer dir stehlen –
Prinzessin, wann kommst du zurück?

[1898]

Komm mit!

Komm mit!
Mußt dich aber eilen –
Sieben lange Meilen
Mach ich mit jedem Schritt.
Hinter Wald und Hügel
Steht mein rotes Roß.
Komm mit! Ich fasse die Zügel –
Komm mit in mein rotes Schloß.
Dort wachsen blaue Bäume
Mit goldenen Äpfeln dran,
Dort träumen wir silberne Träume,
Die kein Mensch sonst träumen kann.
Dort schlummern seltne Genüsse,
Die noch kein Mensch genoß,
Unter Lorbeern purpurne Küsse –
– Komm mit über Wald und Hügel!
Halt fest! Ich fasse die Zügel,
Und zitternd entführt dich mein rotes Roß.

[1898]

Weil ich dich liebe

Weil ich dich liebe, bin ich des Nachts
So wild und flüsternd zu dir gekommen,
Und daß du mich nimmer vergessen kannst,
Hab ich deine Seele mit mir genommen.

Sie ist nun bei mir und gehört mir ganz
Im Guten und auch im Bösen;
Von meiner wilden, brennenden Liebe
Kann dich kein Engel erlösen.

[1898]

Dunkle Augen

Mein Heimweh und meine Liebe
Ist heut in dieser heißen Nacht
Süß wie ein Duft von fremden Blumen
Zu heißem Leben aufgewacht.

Mein Heimweh und meine Liebe
Und all mein Glück und Mißgeschick
Steht wie ein stummes Lied geschrieben
In deinem dunklen Märchenblick.

Mein Heimweh und meine Liebe,
Der Welt und allem Lärm entflohn,
Hat sich in deinen dunklen Augen
Erbaut einen heimlichen Königsthron.

[1898]

Im Scherz

Meine Lieder stehen
Vor deiner Tür,
Sie klopfen an und bücken sich:
Öffnest du mir?

Meine Lieder haben
Einen seidenen Klang
Dem Rauschen deines Kleides gleich
Im Treppengang.

Meine Lieder tragen
Ein Duften lind,
Ganz wie in deinem Lieblingsbeet
Der Hyazinth.

Meine Lieder kleidet
Ein schweres Rot,
Das deinem seidnen Kleide gleich
Knistert und loht.

Meine schönsten Lieder
Gleichen ganz dir.
Sie stehn an der Pforte und bücken sich:
Öffnest du mir?

[1898]

Maria

So schön bist du!

Ein Lieblingstraum, aus goldnen Nächten
Vortretend, schlank, in ernster Ruh,
Den Zauberschleier in der Rechten –
So schön bist du!

Mein Blick erstaunt und muß sich senken,
Mein Herz schließt alle Tore zu,
Dem Wunder heimlich nachzudenken –
So schön bist du!

So ziehen Sterne –

So ziehen Sterne ihre Bahn,
Unwandelbar und unverstanden!
Wir winden uns in hundert Banden,
Du steigst von Glanz zu Glanz hinan.

Dein Leben ist ein einzig Licht!
Ich muß aus meinen Dunkelheiten
Sehnsüchtige Arme nach dir breiten,
Du lächelst und verstehst mich nicht.

Ich fragte dich

Ich fragte dich, warum dein Auge gern
In meinem Auge ruht,
So wie ein reiner Himmelsstern
In einer dunklen Flut.

Du sahest lang mich an,
Wie man ein Kind mit Blicken mißt,
Und sagtest freundlich dann:
Ich bin dir gut, weil du so traurig bist.

[1898]

Porträt

Hochmütig, schön und rätselhaft,
Der Mund voll Spott, die Stirn voll Stolz,
Der Blick voll loher Leidenschaft –
Und über deine Schulter hängt
Ein Bündel schweren Lockengolds.

Ich sah dich froh und mienenklar,
Sah dich in Nächten aufgerafft
Aus schwülem Bett mit wirrem Haar,
Ich sah dich hundertfach, doch jedesmal
Hochmütig, schön und rätselhaft.

[1898]

Über Hirsau

Rast haltend unter Edeltannen
Besinn ich mich der alten Zeit,
Da in mein erstes Knabenleid
Dieselben Waldesdüfte rannen.

An diesem Ort – – ich lag im Moose
Und träumte scheu und knabenwild
Ein blondes, schlankes Mädchenbild,
In meinem Kranz die erste Rose.

Die Zeit ging hin; der Traum ward alt
Und wich von mir. Ein andrer kam. –
Wie lang, daß der auch Abschied nahm!

Mich quält, wem jener erste galt.
Ja wem? Ich weiß nur noch: sie war
Holdselig, schlank und blond von Haar.

[1898]

Der Brief

Es geht ein Wind von Westen,
Die Linden stöhnen sehr,
Der Mond lugt aus den Ästen
In meine Stube her.

Ich habe meiner Lieben,
Die mich verlassen hat,
Einen langen Brief geschrieben,
Der Mond scheint auf das Blatt.

Bei seinem stillen Scheinen,
Das über die Zeilen geht,
Vergißt mein Herz vor Weinen
Schlaf, Mond und Nachtgebet.

[1899]

Ich soll dir Lieder singen . . .

Ich soll dir Lieder singen –
Ich weiß keine Lieder mehr!
Ich möchte mit dir ringen
Und dich zwingen, du Wilde; komm her!

Komm her und höre drinnen
Das Lied in meiner Brust,
Daß du mit allen Sinnen
Mich lieben und mein sein mußt.

[1899]

Purpurrose

Ich hatte dir ein Lied gespielt.
Du schwiegest. Deine Rechte hielt
Mit lassen Fingern eine große,
Blutrote, reife Purpurrose.

Und über uns mit fremder Pracht
Stieg auf die milde Sommernacht,
In wunderbarem Glanz erschlossen,
Die erste Nacht, die wir genossen.

Stieg auf und bog den dunklen Arm
Um uns, und war so laß und warm.
Du streiftest still von deinem Schoße
Die Blätter einer Purpurrose.

[1899]

Elisabeth

Dir liegt auf Stirne, Mund und Hand
Der feine, zärtlich helle Lenz,
Der holde Zauber, den ich fand
Auf alten Bildern zu Florenz.

Du lebtest schon einmal vorzeit,
Du wunderschlanke Maigestalt,
Als Flora im beblümten Kleid
Hat Botticelli dich gemalt.

Auch bist du jene, deren Gruß
Den jungen Dante übermannt,
Und unbewußt ist deinem Fuß
Der Weg durchs Paradies bekannt.

*

Ich soll erzählen,
Die Nacht ist schon spät –
Willst du mich quälen,
Schöne Elisabeth?

Daran ich dichte
Und du dazu,
Meine Liebesgeschichte
Ist dieser Abend und du.

Du mußt nicht stören,
Die Reime verwehn.
Bald wirst du sie hören,
Hören und nicht verstehn.

*

Wie eine weiße Wolke
Am hohen Himmel steht,
So weiß und schön und ferne
Bist du, Elisabeth.

Die Wolke geht und wandert,
Kaum hast du ihrer acht,
Und doch durch deine Träume
Geht sie in dunkler Nacht.

Geht und erglänzt so silbern,
Daß fortan ohne Rast
Du nach der weißen Wolke
Ein süßes Heimweh hast.

*

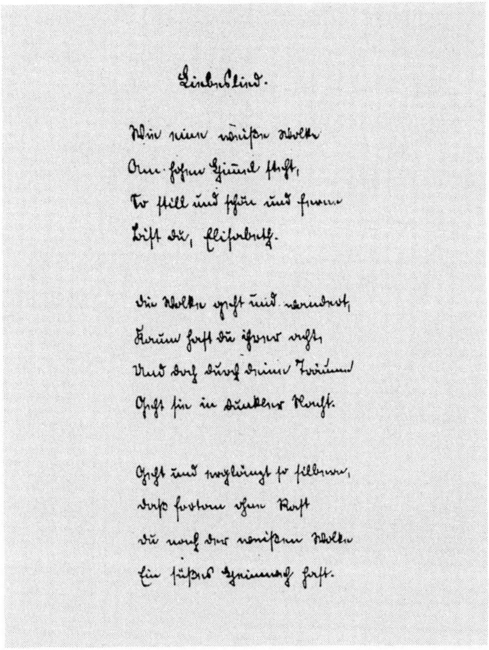

Liebeslied.

Wie eine weiße Wolke
Am hohen Himmel steht,
So still und schön und ferne
Bist du, Elisabeth.

die Wolke geht und wandert,
Kaum hast du ihrer acht,
Und doch durch deine Träume
Geht sie in dunkler Nacht.

Geht und erglänzt so silbern,
daß fortan ohne Rast
du nach der weißen Wolke
Ein süßes Heimweh hast.

Das für Elisabeth La Roche geschriebene Gedicht »Wie eine weiße Wolke ...« in Hermann Hesses Handschrift von 1900.

Darf ich dir sagen, daß du mir
Wie eine schöne Schwester scheinst
Und leises Glück mit Lustbegier
In meiner Seele seltsam einst?

Und daß wir beide Gäste sind
Von ferneher, und daß wir beiden,
Sobald die dunkle Nacht beginnt,
Dasselbe bange Heimweh leiden?

[1900]

Meiner Liebe

I

An meine Schulter lehne
Dein schweres Haupt, und schweige
Und koste jeder Träne
Wehsüße, lasse Neige.

Es werden Tage kommen,
Da du nach diesen Tränen
Verdürstend und beklommen
Dich wirst vergebens sehnen.

II

Leg mir aufs Haar
Die Hand; schwer ist mein Haupt,
Was meine Jugend war,
Hast du geraubt.

Unwiederbringlich ist dahin
Der Jugend Glanz, der Freude Born,
Der mir so unerschöpflich golden schien,
Und übrigblieben Weh und Zorn
Und Nächte, Nächte ohne End,
In denen wild und fieberheiß
Der alten Liebeslüste Kreis
Mein waches Träumen wund durchrennt.

Nur noch in Stunden seltner Rast
Tritt manchmal meine Jugend her
Zu mir, ein scheuer, blasser Gast,
Und stöhnt, und macht das Herz mir schwer...

Leg mir aufs Haar
Die Hand; schwer ist mein Haupt.
Was meine Jugend war,
Hast du geraubt.

[1900]

Aus »Hermann Lauscher«

Ich will mich tief verneigen
Vor dir und ziehen den Hut,
Ich will dir Lieder geigen
Rot wie Rosen und rot wie Blut.

Ich will mich vor dir bücken,
Wie man vor Fürstinnen tut,
Und will dich mit Rosen schmücken,
Mit Rosen rot wie Blut.

Ich will auch zu dir beten,
Wie man vor Heiligen kniet,
Mit meiner wilden, verschmähten
Liebe und meinem Lied.

[1900]

Valse Brillante

Ein Tanz von Chopin lärmt im Saal,
Ein wilder, zügelloser Tanz.
Die Fenster leuchten wetterfahl,
Den Flügel ziert ein welker Kranz.

Den Flügel du, die Geige ich,
So spielen wir und enden nicht
Und warten angstvoll, du und ich,
Wer wohl zuerst den Zauber bricht.

Wer wohl zuerst einhält im Takt
Und von sich weg die Lichter schiebt,
Und wer zuerst die Frage sagt,
Auf die es keine Antwort gibt?

[1901]

Das Fest

Die dunklen Büsche duften schwer,
Es wiegt der Wind in den Platanen
Die bunten Lampen hin und her,
Vom Dache rauschen rote Fahnen.

Juchhe! nun lodert alle Lust
Empor in gellen Flammen.
Nun brennt in deiner schönen Brust
Das Schloß der Liebe zusammen.

Juchhe! nun bin ich zum letztenmal
An deiner heißen Seite
Und gebe durch den hellen Saal
Dir lachend das Geleite.

Und morgen ist der Rausch verloht
Und die Walzer sind verklungen,
Und unsre schöne Liebe ist tot
Und unser Märchen versungen.

[1901]

Die Stunde

Es war noch Zeit; ich konnte gehn,
Und alles wäre ungeschehn,
Und alles wäre rein und klar,
Wie es vor jenem Tage war!

Es mußte sein. Die Stunde kam,
Die kurze, schwüle, und sie nahm
Unwandelbar mit jähem Schritt
Den ganzen Glanz der Jugend mit.

[1901]

Nacht im Odenwald

Es schlug vom Turm die Mitternacht.
Was ist's, daß ich so jäh erwacht?
Was pocht in wunderlichem Schmerz
Noch halb im Traume mir das Herz?

Rings Stille. Keines Windes Hauch,
Kein Tier noch Vogel lebt im Strauch,
Durchs Fenster mit verhaltnem Schein
Der bleiche Himmel sieht herein.

Da bricht, des Traumes noch bewußt,
Ein Schluchzen mir aus weher Brust.
Derweil ich schlief, ging bleich und stumm
Der alten Liebe Schatten um.

[1901]

Gleichnisse

Meine Liebe ist ein stilles Boot,
Das mit träumerischen Ruderschlägen
Einer dunklen Brandung treibt entgegen.

Meine Liebe ist ein jähes Licht,
Das durch schwarze, schwüle Nächte bricht
Und unselig wie ein Blitz verloht.

Meine Liebe ist ein krankes Kind,
Das bei Nacht in seinem Bette sinnt;
Und am Rand des Bettes steht der Tod.

[1901]

Bitte

Wenn du die kleine Hand mir gibst,
Die so viel Ungesagtes sagt,
Hab ich dich jemals dann gefragt,
Ob du mich liebst?

Ich will ja nicht, daß du mich liebst,
Will nur, daß ich dich nahe weiß
Und daß du manchmal stumm und leis
Die Hand mir gibst.

[1901]

Lady Rosa

Du mit der Stirne voller Licht,
Du mit den wunderbaren
Braunaugen und den seidnen Haaren,
Ich kenne dich! Du aber kennst mich nicht.

Du mit dem klaren Angesicht,
Du Zarte mit deinen leisen,
Fremdländischen, lieben Liederweisen,
Ich liebe dich! Du aber kennst mich nicht.

[1901]

Ohne Liebe

Wie über eines tiefen Brunnens Rand,
So fallen Tage mir und Nächte nun
Leer, ohne Lust noch Leid noch Lied noch Tun
Gleich welken Sommerrosen aus der Hand.

Ich achte nicht, wie mir die Zeit vergeht,
Ich sehe nur, wie meiner Liebe Stern
Weitab gewendet schattenhaft und fern
Am bleichen Himmel meines Lebens steht.

[1901]

Wetterleuchten

Wetterleuchten fiebert fern,
Der Jasmin mit sonderbaren
Lichtern wie ein scheuer Stern
Schimmert bleich in deinen Haaren.

Deiner wundersamen Macht,
Deiner schweren, sternelosen,
Opfern Küsse wir und Rosen,
Atemlose, schwüle Nacht.

Küsse ohne Glück und Glanz,
Die wir kaum geküßt, bereuen –
Rosen, die in trübem Tanz
Überreife Blätter streuen.

Nacht, die ohne Tau vergeht!
Liebe ohne Glück noch Tränen!
Über uns ein Wetter steht,
Das wir fürchten und ersehnen.

[1901]

Mon rêve familier

aus dem Französischen des Paul Verlaine

Ich träume wieder von der Unbekannten,
Die schon so oft im Traum vor mir gestanden.

Wir lieben uns, sie streicht das wirre Haar
Mir aus der Stirn mit Händen wunderbar.

Und sie versteht mein rätselhaftes Wesen
Und kann in meinem dunklen Herzen lesen.

Du fragst mich: ist sie blond? Ich weiß es nicht.
Doch wie ein Märchen ist ihr Angesicht.

Und wie sie heißt? Ich weiß nicht. Doch es klingt
Ihr Name süß, wie wenn die Ferne singt –

Wie Eines Name, den du Liebling heißt
Und den du ferne und verloren weißt.

Und ihrer Stimme Ton ist dunkelfarben
Wie Stimmen von Geliebten, die uns starben.

[1901]

Leise wie die Gondeln . . .

Leise wie die Gondeln auf den klaren
Morgenleuchtenden Kanälen fahren,
Also wiegt im blauen Meer der Tage
Unsrer Liebe ungestörte Waage,
Also gleiten leicht und ohne Ende
Uns die Stunden durch die lassen Hände:
Eine, die von Lustgelächter funkelt,
Eine, die in Liebesdämmer dunkelt,
Eine, die von Liedern überflutet,
Eine, die sich lautlos süß verblutet.
Schweigend ruhen wir und staunend sehen
Wir die Schönen auf- und untergehen,
Rudertropfen von den Händen wischend,
Unsre Finger schwesterlich vermischend,
Selten nur nach einem Kuß verlangend,
Diesen schweigsam gebend und empfangend . . .
Also gleiten leicht und ohne Ende
Stunden uns und Tage durch die Hände.

[1901]

Ich liebe Frauen . . .

Ich liebe Frauen, die vor tausend Jahren
Geliebt von Dichtern und besungen waren.

Ich liebe Städte, deren leere Mauern
Königsgeschlechter alter Zeit betrauern.

Ich liebe Städte, die erstehen werden,
Wenn niemand mehr von heute lebt auf Erden.

Ich liebe Frauen – schlanke, wunderbare,
Die ungeboren ruhn im Schoß der Jahre.

Sie werden einst mit ihrer sternebleichen
Schönheit der Schönheit meiner Träume gleichen.

[1901]

Bonifazios Bild

Ich kenne Eine, die dich wohl erreicht
An mildem Liebreiz, eine fremde Schöne,
Zart von Gestalt und Meisterin der Töne,
Die dir wie eine liebe Schwester gleicht.
Den Namen weiß ich leider nicht genau
Der schönen fremden dunkelblonden Frau . . .
– Nun schmollst du schon! Doch diesmal ohne Grund.
Ich habe jener Dame schmalen Mund
Und weiße Hand im Leben nie berührt
Und nie ihr süßes Liebeslied gehört
Und niemals ihren sanften Blick gespürt,
Und dennoch hat ihr Zauber mich betört;
Ich liebte sie, lang eh ich dich gekannt
Und eh ich Rast in deiner Liebe fand.
Die schöne Frau ist manch Jahrhundert alt,
Ein Bonifazio hat sie einst gemalt.
Sie starb und ließ uns ihres Wesens Spur
In jenem schönen Meisterbilde nur.
Ihr Name ist verschollen. Nicht verscholl
Das Lied, das sie zur Liebeslaute sang
Und das betörend und geheimnisvoll
Seither unzählige Lauscher zart bezwang
Mit wunderlicher Jugendschwermut Reiz.
Es bebt darin die Ahnung aller Lust
Und alles namenlosen süßen Leids,
Es schlägt darin wie in belebter Brust
Ein wildes, dunkles, liebekrankes Herz

In unverstandener Fülle leisem Schmerz.
Nicht Wort noch Melodie des Liedes kennen
Wir heute mehr, das sie vor Zeiten sang,
Und dennoch lauschen wir und dennoch brennen
Die Herzen uns bei dem verlorenen Klang,
Den ungehört wir doch so wohl verstehen...
Ich zeige dir das Bild, komm, laß uns gehen!

Hier! Eines Reichen Garten, lustbelebt,
Ein Bettler, der die dürftige Hand erhebt,
Ein Falkner mit dem Vogel auf der Faust,
Ein Reiter, der auf wildem Rosse braust,
Ein blanker Hof, den manche Säule ziert,
Ein Durchblick auf entfernter Hügel Zug,
Ein Laubengang, der endlos sich verliert
In Grün und Duft und fernen Wolkenflug.
Und nun inmitten dieser frohen Welt
Auf niederm Schemel eine Wohlgestalt,
Die schmeichlerisch mit heimlicher Gewalt
Den Blick bezaubert und gefangen hält,
Die Lautenspielerin! Mit feiner Hand
Hält sie der Mandoline Hals umspannt,
Die Rechte ist im Spielen weich gebogen,
Der Blick ist ohne Ziel, traumüberflogen.
Die Zweite, Ältere, schaut zu und schweigt,
Das reife Haupt gedankenvoll geneigt.
Die Männer lauschen. Aus dem jungen Mund
Wird all den Schweigenden im stillen Rund
Das dunkelschöne Rätsel aller Lust
Und aller Sehnsucht wie ein Traum bewußt,

Das alte, weiche Lied vom Liebesglück,
Vom lieben Frühling, von der Jugendzeit –
Wie ist sie schön! und schließlich ist sie weit,
Vorbei, verblüht, und kommt nicht mehr zurück.

Mir ist, ich seh der Jugend schönen Geist,
Wie er mit trübem Lächeln sich entfernt,
Den welken Liebeskranz vom Scheitel reißt
Und vor sich her die weite Nacht entsternt...

Du kennst sie nun. Und wenn ich jemals wieder
Schweigsam des Abends bin und ohne Wort
Dem lauten Kreis der losen Rivalieder
Entrinne in die dunklern Gassen fort,
Dann weißt du, was mich in die Stille zieht,
Und schiltst nicht mehr. Es ist der Schwester Lied.

[1902]

Meine Liebe

Sie schweigt und denkt mit trauervollen
Gedanken ihrer fernen Toten.
Ich habe sie vielen angeboten,
Es hat sie keiner haben wollen.

Ich trug sie feil auf allen Gassen,
Es wollte sie keiner – sie kann nicht lachen!
Was soll ich mit meiner Liebe machen?
Ich will sie meinen Toten lassen.

[1902]

Einem Unzufriedenen

Sieh, ich verstehe ja dein Fluchen;
Aber die Welt bleibt wie sie war,
Dein Haß verändert sie um kein Haar.
Die Menschen sind eine verdorbene Brut,
Aber du selber – bist du denn gut?
Ich würde es mit der Liebe versuchen.

[1902]

La belle qui veut . . .

Kennst du mich noch? Wir wurden alt
Und fremd und anders, ich und du.
Wir wurden kühl, wir wurden kalt,
Ich glaub' es geht dem Winter zu.

Wie ist das fern, wie ist das lang,
Seit wir uns beide nimmer sahn!
Das Lied, das ich dir damals sang,
Klingt trüb in meinem Herzen an:

La belle qui veut
La belle qui n'ose
Cueillir les roses
Du jardin bleu . . .

[1902]

Erinnerung

Wo war das doch? – Die Sonne war verloht,
Im stillen Meere schwamm mein dunkles Boot,
Ein schönes Weib, schwarzhaarig, blaß und schlank
Saß neben mir auf schmaler Ruderbank.

Es war zu irgend einer Reise Schluß –
Und meine Seele zitterte so weh
Bei jenem langen namenlosen Kuß
Des schwarzen Weibes auf der fremden See!
– Wo war das doch?

[1902]

Elisabeth

Ich kann nicht mehr zufrieden sein,
Ich muß an allen meinen Tagen
Dein Bild in meiner Sehnsucht tragen,
Ich bin ja dein.

Dein Auge hat in meinem Sinn
Den ahnungsvollen Strahl entzündet,
Der mir zu jeder Stunde kündet,
Daß ich dein eigen bin.

Du aber, meiner Leidenschaft
In deiner Reinheit unbewußt,
Erblühest ohne mich in Lust
Und wandelst hoch und sternenhaft.

*

Die Jahre sind vergangen,
Und ob sie wohl gelangen,
Es waren Jahre ohne dich.
Ich fand die Lust der Stunde
An mancher Frauen Munde,
Wenn ich sie nicht mit dir verglich.

Der selige Liebesgarten,
Den ich mit bittrem Warten

Mein Leben lang so heiß begehrt,
Liegt mit verschloßner Pforte.
Ach, jedem Liebesworte
Hast du mit strengem Blick gewehrt.

Nun wollen mir entgleiten
Die unbesorgten Zeiten
Und dunkler wird mein Pfad,
Doch mag es noch geschehen,
Daß mir wie Frühlingswehen
In deinem Bild die Jugend naht.

*

Weh, daß ich schon erwacht –
Das war ein Traum so licht und schön!
Nun steht im Fenster schwarz die Nacht
Und draußen weint der Föhn.

Wie lange, daß ich keine Nacht
An dich gedacht,
Noch deine lieben Augen sah!
Nun rufst du wieder ferneher
Nach mir und bist mir heimlich nah
Und weinst und machst das Herz mir schwer.

Wo denn, in welcher fremden Stadt
Denkst du an mich, der einsam steht
Und der nicht Glück, nicht Heimat hat
Als dich, Elisabeth?

[1903]

Sommers Ende

Gleichtönig, leis und klagend rinnt
Den lauen Abend lang der Regen,
Hinweinend wie ein müdes Kind
Der nahen Mitternacht entgegen.

Der Sommer, seiner Feste müd,
Hält seinen Kranz in welken Händen
Und wirft ihn weg – er ist verblüht –
Und neigt sich bang und will verenden.

Auch unsre Liebe war ein Kranz
Auflodernd heißer Sommerfeste,
Nun löst sich sacht der letzte Tanz,
Der Regen stürzt, es fliehn die Gäste.

Und eh wir der verwelkten Pracht
Und der erloschenen Glut uns schämen,
Laß uns in dieser ernsten Nacht
Von unsrer Liebe Abschied nehmen.

[1904]

Huldigung

Schöne, Liebe, die du alle Klagen
Meiner ruhelosen Seele stillst,
Alles Schwere will ich gerne tragen,
Wenn nur du mich nicht verlassen willst.

Meiner heißen Jugend Flammen steigen
Jeden Tag zu einem wilden Brand,
Um sich dankbar und beglückt zu neigen
Einem Winke deiner weißen Hand.

[1906]

Neue Liebe

Oft war ich müd und glaubte alt zu sein,
Nun lodert meine ganze Jugend wieder
Und schäumt empor wie junger, süßer Wein
Und lacht und treibt und singt verliebte Lieder.

In Sehnsucht tue ich mein Tagewerk
Und grüße jeden Wolkenzug im Blauen
Und steige abends einsam auf den Berg,
Nach deinem fernen Hause auszuschauen.

Du, kannst du schlafen, wenn der Frühlingswind
So lau und schwer vor deinem Fenster geht
Und meine Liebeslieder um dich sind
Und meine Liebe zitternd bei dir steht?

[1906]

Morgen

Nun lockt mich keine Liebesnacht
Und kaum ein voller Becher mehr.
Ich bin aus Nacht und Ungefähr
Zum grimmen Tag erwacht.

Die roten Fackeln sind verbrannt,
Der Morgen schaut mir ins Gesicht.
Und das gewohnte Vaterland
Ist meine Heimat nicht.

Was Menschen reden, tönt mir nun
Wie aus versunkenen Städten her;
Was sie da unten sind und tun,
Ist meine Welt nicht mehr.

Aus dumpfem Leid und Freudenschwall
Klärt sich mein Wille rein und kalt.
Was gestern Spiel und Ungestalt,
Ist heute Form, Gesetz, Kristall.

[1906]

Mai

Jüngling fühle in der Brust
Minneleid und Minnelust,
Aber glaube nicht zu haben
Mehr Gefühl als andre Knaben!

[1907]

Liebeslied

O du, ich kann nicht sagen,
Was du aus mir gemacht.
Ich fliehe vor den Tagen
Und liebe nur die Nacht.

Die Nacht ist mir so golden
Wie sonst kein Tag mir war,
Da träum ich von einer holden
Frau mit blondem Haar.

Da träum ich von seligen Dingen,
Die mir ein Blick verhieß,
Da hör' ich Lieder klingen
Fernher vom Paradies.

Da sehe ich Wolken jagen
Und schaue lang in die Nacht –
O du, ich kann nicht sagen,
Was du aus mir gemacht.

[1907]

Einen Sommer lang

Einen heißen Sommer lang,
Schwarzhaariges Kind,
Bin ich bei dir geblieben;
Einen heißen Sommer lang,
Schwarzhaariges Kind,
Länger dauert kein Lieben.

Vorüber der lodernde Mittagsbrand
In den schwellenden Garben,
Über dem braunen Ackerland
Hat schon der Herbst seine Farben.

Sommer und Jugendglanz,
Liebe und Erntetanz
Verweht der Wind,
Sie müssen verblühen,
Müssen verglühen,
Schwarzhaariges Kind.

[1907]

Sommers Ende

Wir wollen noch den Wiesenpfad
Zum Bach hinüber gehen,
Da können wir miteinander
Ins kühle Wasser sehen.
Da können wir besser schweigen
Und eine kleine Weile noch
Uns nah sein Hand in Hand,
Bis wir hinuntersteigen
Müssen ins fremde Land.

[1907]

Liebeslied

Ich singe von deinem seidenen Schuh
Und von deinem rauschenden Kleid,
Ich träume dich jede Nacht, o du,
Meine Böse, mein Herzeleid!

Ich weiß keinen Namen als deinen,
Ich kann um keinen Schmerz
Und um keine Lust mehr weinen,
Als um dich allein, mein Herz.

Ich will kein Glück mehr kennen
Und keine andere Not,
Als um dich in Sehnsucht brennen –
O du, warum bist du tot?

[1908]

Zu spät

Da ich in Jugendnot und Scham
Zu dir mit leiser Bitte kam,
Hast du gelacht
Und hast aus meiner Liebe
Ein Spiel gemacht.

Nun bist du müd und spielst nicht mehr,
Mit dunklen Augen blickst du her
Aus deiner Not,
Und willst die Liebe haben,
Die ich dir damals bot.

Ach, die ist lang verglommen
Und kann nicht wiederkommen –
Einst war sie dein!
Nun kennt sie keine Namen mehr
Und will alleine sein.

[1909]

Jüngling

O wie die Tage verblühn
Gleich kühlen Tänzen!
Keiner will lodern und glänzen,
Keiner will sprühn!

Da ich ein Knabe war,
Da liefen die Stunden
Mädchenleicht, blumenumwunden
Und Kränze im Haar.

Heile mich, selige Frau,
Der ich vergeblich klage,
Dann sind voll Glück alle Tage
Und alle Himmel blau!

[1910]

Herbstbeginn

Der Herbst streut weiße Nebel aus,
Es kann nicht immer Sommer sein!
Der Abend lockt mit Lampenschein
Mich aus der Kühle früh ins Haus.

Bald stehen Baum und Garten leer,
Dann glüht nur noch der wilde Wein
Ums Haus, und bald verglüht auch der,
Es kann nicht immer Sommer sein.

Was mich zur Jugendzeit erfreut,
Es hat den alten frohen Schein
Nicht mehr und freut mich nimmer heut –
Es kann nicht immer Sommer sein.

O Liebe, wundersame Glut,
Die durch der Jahre Lust und Mühn
Mir immer hat gebrannt im Blut –
O Liebe, kannst auch du verglühn?

[1910]

Wie der stöhnende Wind –

Wie der stöhnende Wind durch die Nacht
Stürmt mein Verlangen nach dir,
Jede Sehnsucht ist aufgewacht –
O du, die mich krank gemacht,
Was weißt du von mir!
Leise lösch ich mein spätes Licht,
Fiebernde Stunden zu wachen,
Und die Nacht hat dein Angesicht,
Und der Wind, der von Liebe spricht,
Hat dein unvergeßliches Lachen!

[1910]

Schönheit

Verschenke dich, so stolz du bist,
Verschenke alles, was du hast!
Die Jugend ist ein flüchtiger Gast,
Der bald gegangen ist.

Gib dich einem armen Knaben,
Dem du keine Liebe wehrst,
Mach ihn reich, so wirst du erst
Selber dich zu eigen haben.

[1911]

Wie sind die Tage . . .

Wie sind die Tage schwer!
An keinem Feuer kann ich erwarmen,
Keine Sonne lacht mir mehr,
Ist alles leer,
Ist alles kalt und ohne Erbarmen,
Und auch die lieben klaren
Sterne schauen mich trostlos an,
Seit ich im Herzen erfahren,
Daß Liebe sterben kann.

[1911]

An eine chinesische Sängerin

Auf dem stillen Flusse sind wir am Abend gefahren,
Rosig stand und beglänzt der Akazienbaum,
Rosig strahlten die Wolken. Ich aber sah sie kaum,
Sah nur die Pflaumenblüte in deinen Haaren.

Lächelnd saßest du vorn im geschmückten Boote,
Hieltest die Laute in der geübten Hand,
Sangest das Lied vom heiligen Vaterland,
Während in deinen Augen die Jugend lohte.

Schweigend stand ich am Mast und wünschte mir, ohne Ende
Dieser glühenden Augen Sklave zu sein,
Ewig dem Liede zu lauschen in seliger Pein
Und dem beglückenden Spiel deiner blumenhaft zarten Hände.

[1911]

Weg zur Geliebten

Der Tag tut frische Augen auf,
Tautrunken glänzt die Welt
Dem jungen Licht entgegen,
Das golden sie umfangen hält.

Im Walde bin ich unterwegs
Und halte fleißig Schritt
Mit dem geschwinden Morgen,
Der nimmt mich als ein Bruder mit.

Den Mittag seh ich heiß und schwer
Im gelben Kornfeld stehn,
Er sieht mich ohne Weile
Vorüber und landeinwärts gehn.

Und wenn der stille Abend kommt,
Will ich am Ziele sein,
Will wie der Tag verglühen,
Geliebteste, am Herzen dein.

[1911]

Wandlung

Da ich ein Jüngling war,
Da meine ersten schüchternen Gänge
In das ersehnte Land der Liebe
Alle mich trostlos und elend wiederbrachten
In den unverstandenen grellen Tag,
Da war es mir einziger Trost,
Tief im Leid mit vollen Händen zu wühlen,
Selbstzerstörend mit wollüstiger Bitterkeit
Jede holde Farbe in Schwarz zu wandeln,
Wild auf brechenden Saiten
Hinzustürmen meiner Entbehrung Qual.
Und am Abend floh ich das Licht,
Floh die geselligen Gärten, um einsam
Tief im Schatten der Buchen hinabwärts
Am unwegsamen Ufer zu schleichen
Dunkel treibenden Wellen nach,
Sehnsucht nach Tod im glühenden Herzen.

Heute aber, da mir ein karger Tag
Ungefühlt in lose Stunden zerrinnt,
Da meine verschüttete Seele
Tief empor aus Trümmern voreilig gebauter
Lebensschlösser den Weg zur Hoffnung verlor,
Da mir der Jugend trübste, unseligste Stunde
Noch wie ein Goldschatz aus ferner Tiefe lacht,
Heut hab ich die finsteren Wege

Schwelgerisch hingeflossener Schwermut,
Süßer Klage verlassen.

Abends, wenn mir die stille Stunde kommt,
Zünde ich hell meine Ampel an,
Daß vor dem Fenster die feindliche Nacht versinke.
Zärtlich spann ich die goldensten Saiten,
Die mir geblieben, und gehe
Im bedächtigen Spiel jeder lieblichen Form,
Jeder heiter tröstenden Schönheit nach.
Fern ist der Tod und ferne das Leid meinen Träumen,
Sorgsam leit ich sie, daß ihr verwirrtes Gerank
Nichts als Licht und Trost und glückliche Bilder zeige:
Selige Gärten, Menschen voll kindlicher Lust,
Inniger Liebesgenuß und blumengeschmückte Feste,
Reine erhabene Frauen, Männer voll gütiger Glut,
Dies erschaff ich mir träumend und suche,
Was von zertrümmerten Schätzen mir blieb,
Neu in Wohllaut zu schönen Gebilden zu sammeln.

Einsam so in friedlichen Stunden spielt
Meine Sehnsucht ihr Spiel,
Sieh, und oft vermag ich wunschlos zu lachen,
Überlistend des Lebens sinnlose Grausamkeit
Durch mein sinnvoll träumendes Spiel.
Und das herrlichste Mädchenbild,
Dem ich in heißem Begehren einst,
Trübem Entsagen den Glanz meiner Jugend geopfert,
Wandelt (sie, die längst sich
Weit im Grau alltäglichen Lebens verlor)

Leuchtend, schöner als einst,
Fleckenlos wie eine Blüte des Frühlings,
Über den liebevoll hingebreiteten Teppich
Meiner wohllautenden Träume.

Wie sie schreitet und ganz zur Göttin ward,
Sinkt meines Lebens Elend ferne dahin
Und es wird meiner Tage
Heimlicher Sinn, der Geliebten
Widerhall und adelnder Spiegel zu sein.
So von frühster Jugend herauf
Bau ich, wenn meine Stunde kommt,
All meiner Jahre Gedächtnis zum Tempel
Einer Liebe, die kein Begehren mehr,
Keine Enttäuschung kennt.

[1912]

Die Schöne

So wie ein Kind, dem man ein Spielzeug schenkt,
Das Ding beschaut und herzt und dann zerbricht,
Und morgen schon des Gebers nimmer denkt,
So hältst du spielend in der kleinen Hand
Mein Herz, das ich dir gab, als hübschen Tand,
Und wie es zuckt und leidet, siehst du nicht.

[1912]

Liebe

Wieder will mein froher Mund begegnen
Deinen Lippen, die mich küssend segnen,
Deine lieben Finger will ich halten
Und in meine Finger spielend falten,
Meinen Blick an deinem dürstend füllen,
Tief mein Haupt in deine Haare hüllen,
Will mit immerwachen jungen Gliedern
Deiner Glieder Regung treu erwidern
Und aus immer neuen Liebesfeuern
Deine Schönheit tausendmal erneuern,
Bis wir ganz gestillt und dankbar beide
Selig wohnen über allem Leide,
Bis wir Tag und Nacht und Heut und Gestern
Wunschlos grüßen als geliebte Schwestern,
Bis wir über allem Tun und Handeln
Als Verklärte ganz im Frieden wandeln.

[1913]

Ohne dich

Mein Kissen schaut mich an zur Nacht
Leer wie ein Totenstein;
So bitter hatt ich's nie gedacht,
Allein zu sein
Und nicht in deinem Haar gebettet sein!

Ich lieg allein im stillen Haus,
Die Ampel ausgetan,
Und strecke sacht die Hände aus,
Die deinen zu umfahn,
Und dränge leis den heißen Mund
Nach dir und küß mich matt und wund –
Und plötzlich bin ich aufgewacht
Und ringsum schweigt die kalte Nacht,
Der Stern im Fenster schimmert klar –
O du, wo ist dein blondes Haar,
Wo ist dein süßer Mund?

Nun trink ich Weh in jeder Lust
Und Gift in jedem Wein;
So bitter hatt ich's nie gewußt,
Allein zu sein,
Allein und ohne dich zu sein!

[1913]

Im Schlendern durch eine fremde Stadt

Hinter roten Fensterblumen taucht
Eine Stirn empor, vom Licht behaucht,
Stille braune Augen blicken hold
Noch in kinderhaftem Märchengold,
Doch die Lippen und die frischen Wangen
Sind in ernster Sprödigkeit befangen.
Lächelnd schau ich Fremdling nach ihr hin,
Meine Schritte zögern und mein Sinn
Fleht voll rascher Inbrunst zum Geschick:
Laß sie lächeln einen Augenblick!
Und sie steht und blickt den fremden Mann
Wie aus Träumen fremd und freundlich an,
Und indem mein Lächeln heller wirbt,
Seh ich, wie die starre Blöde stirbt,
Lächelnd gibt der aufgeschloßne Mund
Lieblichkeit und holde Laune kund.
Doch indes ich unten stehen bleibe,
Lacht sie schnell und schließt die Fensterscheibe,
Daß die roten Blumen jäh erblassen;
Und ich schlendre weiter durch die Gassen.

[1913]

Der Dichter

Reiner atmet der Garten im Tau der Nacht,
Stiller brandet vom Tale die Stadt herauf,
Blumen schimmern im Dunkeln
Geisterhaft blaß wie aus Träumen her.

Mir allein, der ich müde der Sonne bin,
Kühlt auch der Abend die brennende Stirne nicht,
Mir verschmachten die Sinne
Dürstender als am Tage noch.

Ungestillt verzehrt mich die Leidenschaft,
Die ich des Tags mit so viel Listen betrog,
Ach, nun steht sie verzweifelt
Aus der kurzen Betäubung auf.

Liebe atmet der Baum und Liebe der Mond,
Liebe träumen die Blumen im schwarzen Laub,
Nur ich Einsamer dürste
Ungeliebt in der lachenden Welt.

Mädchen bleiben und Männer bezaubert stehn,
Wenn durchs Gebüsch meine einsame Laute tönt,
Und in Liedern verblutet
Statt in Liebesarmen mein Herz.

[1913]

Das Mädchen sitzt daheim und singt

Du weißer Schnee, du kühler Schnee,
Fällst du im fernen Land
Meinem Schatz in die braunen Haare,
Meinem Schatz auf die liebe Hand?

Du weißer Schnee, du kühler Schnee,
Und hat er auch nicht kalt?
Sag, liegt er im weißen Felde
Oder liegt er im dunklen Wald?

Du weißer Schnee, du falscher Schnee,
Laß meinen Schatz in Ruh!
Was deckst du ihm denn die Haare
Und deckst ihm die Augen zu?

Du falscher Schnee, du weißer Schnee,
Er ist ja gar nicht tot;
Vielleicht er sitzt gefangen
Bei Wasser und bei Brot.

Vielleicht er kommt bald wieder,
Er kann schon draußen stehn,
Und ich muß mir die Tränen wischen,
Sonst kann ich ihn ja nicht sehn.

[1914]

Wiedersehen

Hast du das ganz vergessen,
Daß einst dein Arm in meinem hing
Und Wonne unermessen
Von deiner Hand in meine Hand
Von meinem Mund in deinen überging,
Und daß dein blondes Haar
Einst einen flüchtigen Frühling lang
Der selige Mantel meiner Liebe war,
Und daß die Welt einst duftete und klang,
Die jetzt so grau verdrossen liegt,
Von keinem Liebessturm, von keiner Torheit
mehr gewiegt?

Was wir einander wehe tun,
Die Zeit verweht's, das Herz vergißt;
Die seligen Stunden aber ruhn
In einem Glanz, der ohne Ende ist.

[1916]

Im vierten Kriegsjahr

Wenn auch der Abend kalt und traurig ist
Und Regen rauscht,
Ich singe doch mein Lied zu dieser Frist,
Weiß nicht, wer lauscht.

Wenn auch die Welt in Krieg und Angst erstickt,
An manchem Ort
Brennt heimlich doch, ob niemand sie erblickt,
Die Liebe fort.

[1917]

Nelke

Rote Nelke blüht im Garten,
Läßt verliebte Düfte glühen,
Will nicht schlafen, will nicht warten,
Einen Trieb nur hat die Nelke:
Rascher, heißer, wilder blühen!

Eine Flamme seh ich prangen,
Wind in ihre Röte rennen,
Und sie zittert vor Verlangen,
Einen Trieb nur hat die Flamme:
Rascher, rascher zu verbrennen!

Du in meinem Blute innen,
Liebe du, was soll dein Träumen?
Willst ja nicht in Tropfen rinnen,
Willst in Strömen, willst in Fluten
Dich vergeuden, dich verschäumen!

[1918]

Falter im Wein

In meinen Becher mit Wein ist ein Falter geflogen,
Trunken ergibt er sich seinem süßen Verderben,
Rudert erlahmend im Naß und ist willig zu sterben;
Endlich hat ihn mein Finger herausgezogen.

So ist mein Herz, von deinen Augen verblendet,
Selig im duftenden Becher der Liebe versunken,
Willig zu sterben, vom Wein deines Zaubers betrunken,
Wenn nicht ein Wink deiner Hand mein Schicksal
vollendet.

[1919]

Einer Frau

Ich bin keiner, keiner Liebe wert,
Brenne nur dahin und weiß nicht wie,
Bin der Blitz, der aus der Wolke fährt,
Bin der Wind, der Sturm, die Melodie.

Dennoch nehm ich Liebe viel und gern,
Nehme Wollust, nehme Opfer hin,
Mich begleiten Tränen nah und fern,
Weil ich fremd und ohne Treue bin.

Treu bin ich allein dem Stern in meiner Brust,
Der zum Untergang hinüberweist,
Der mir Folter schafft aus jeder Lust,
Den mein Wesen dennoch liebt und preist.

Rattenfänger und Verführer muß ich sein,
Säe bittre Lust, die bald verloht,
Lehr euch Kinder, lehr euch Tiere sein,
Und mein Herr und Führer ist der Tod.

[1919]

Klingsor an Edith

Heut spiel ich dir ein Lied
Auf gedämpfter Saite am Winterabend,
Ein Lied aus der grünen Zeit,
Da uns die Waldnacht zärtlich
Mit Liebeslaubgeflüster in sich sog.
Leise schleicht in der Dämmerung
Die vergessenen Pfade mein Lied,
Ach, die nie vergessenen,
Wo ich Klingsors heimliche Krone trug
Und im glühenden Julimond
Fromm den Göttern des Weins und der Liebe geopfert.
Seid ihr alle denn tot, geliebte
Bilder jener verzauberten Zeit?

Ja, ihr starbt, ihr welktet! Ich aber
Lebe, und wenn mir der nächste Sturm
Eure Asche vom Haupt und den Schleier vom Herzen reißt,
Funkelt die Krone, glühn alle Sterne neu,
Und die schwellenden Wälder rufen
Meinen Namen und meine Liebe dir zu.

[1919]

Wintertag

O wie schön das Licht
Heut im Schnee verblüht,
O wie zart die rosige Ferne glüht! –
Aber Sommer, Sommer ist es nicht.

Du, zu der mein Lied allstündlich spricht,
Ferne Brautgestalt,
O wie zart mir deine Freundschaft strahlt! –
Aber Liebe, Liebe ist es nicht.

Lang muß Mondenschein der Freundschaft blühn,
Lange muß ich stehn im Schnee,
Bis einst du und Himmel, Berg und See
Tief im Sommerbrand der Liebe glühn.

[1919]

Südlicher Sommer

Kastanienblüte, abendlicher Hain,
Halbmond im Laub, im Wald wir stillen Zecher –
Im lauen Nachtwind läuten unsre Becher,
Zum dunkeln Himmel auf glüht unser Wein.

Wir flüchtige Blumen glühn den Sommer lang:
Trink mich, Geliebte! Holde, laß dich trinken!
Mit unsern heißen Sommerfackeln winken
Wir Liebende zum Sommernachtgesang.
O Eulenruf, o dunkles Herz der Nacht,
Nachtfalter du im lichten Oleander,
Wir glühn verbrennend, Bruder, ineinander,
Sind selige Opfer, Göttern dargebracht.
Kling auf, Gesang vom Leben und vom Tod,
Die Becher läuten, unsre Stunde loht!

[1919/20]

Liebeslied

Ich bin der Hirsch und du das Reh,
Der Vogel du und ich der Baum,
Die Sonne du und ich der Schnee,
Du bist der Tag und ich der Traum.

Nachts aus meinem schlafenden Mund
Fliegt ein Goldvogel zu dir,
Hell ist seine Stimme, sein Flügel bunt,
Der singt dir das Lied von der Liebe,
Der singt dir das Lied von mir.

[1920]

Nächtlicher Weg

Schuh um Schuh im Finstern setz ich,
Nacht umgibt mich sanft und groß,
An betauter Mauer netz ich
Hand und Stirn im feuchten Moos.

Dunkel gegen Luft und Sterne
Wiegt sich der Akazienbaum,
Lichter blitzen in der Ferne,
Doch die Nähe ahn ich kaum.

Liebe zieht am Zauberfaden
Alle Ferne mir ans Herz,
Pol-Stern rufen und Plejaden
Ihren Bruder himmelwärts.

Aller Welt bin ich verbunden,
Allem Leben aufgetan,
Habe neu die Bahn gefunden,
Die mich hält im Weltenplan.

[1920]

Der Liebende

Nun liegt dein Freund wach in der milden Nacht,
Noch warm von dir, noch voll von deinem Duft,
Von deinem Blick und Haar und Kuß – o Mitternacht,
O Mond und Stern und blaue Nebelluft!
In dich, Geliebte, steigt mein Traum
Tief wie in Meer, Gebirg und Kluft hinein,
Verspritzt in Brandung und verweht zu Schaum,
Ist Sonne, Wurzel, Tier,
Nur um bei dir,
Um nah bei dir zu sein.
Saturn kreist fern und Mond, ich seh sie nicht,
Seh nur in Blumenblässe dein Gesicht,
Und lache still und weine trunken,
Nicht Glück, nicht Leid ist mehr,
Nur du, nur ich und du, versunken
Ins tiefe All, ins tiefe Meer,
Darein sind wir verloren,
Drin sterben wir und werden neugeboren.

[1921]

Traum von dir

Oft wenn ich zu Bette geh
Und die Augen fallen mir zu,
Mit nassem Finger klopft am Sims der Regen,
Da kommst mir du,
Schlankes zögerndes Reh,
Aus Traumländern still entgegen.
Wir gehen, oder schwimmen, oder schweben
Durch Wald, Ströme, plauderndes Tiergevölk,
Durch Sterne und regenbogenfarbenes Gewölk,
Ich und du, unterwegs nach dem Heimatland,
Von tausend Gestalten und Bildern der Welt umgeben,
Bald im Schnee, bald in Sonnenflammen,
Bald getrennt, bald nah zusammen
Und Hand in Hand.

Am Morgen ist der Traum entflossen,
Tief sank er in mich hinein,
Ist in mir und doch nicht mein,
Schweigend beginn ich den Tag, unfroh und verdrossen,
Aber irgendwo gehn wir auch dann,
Ich und du, von Bilderspielen umgeben,
Fragend durch ein verzaubertes Leben,
Das uns täuschen und doch nicht betrügen kann.

[1921]

Der Pilger

Immer war ich auf der Fahrt,
Immer Pilgersmann,
Wenig hab ich mir bewahrt,
Glück und Weh zerrann.

Unbekannt war Sinn und Ziel
Meiner Wanderschaft,
Tausend Male, daß ich fiel,
Neu mich aufgerafft!

Ach, es war der Liebe Stern,
Den ich suchen ging,
Der so heilig und so fern
In den Höhen hing.

Eh das Ziel mir war bewußt,
Wanderte ich leicht,
Habe manche Höhenlust,
Manches Glück erreicht.

Nun ich kaum den Stern erkannt,
Ist es schon zu spät,
Hat er schon sich abgewandt,
Morgenschauer weht.

Abschied nimmt die bunte Welt,
Die so lieb mir ward.
Hab ich auch das Ziel verfehlt,
Kühn war doch die Fahrt.

[1921]

Liebeslied

Wo mag meine Heimat sein?
Meine Heimat ist klein,
Geht von Ort zu Ort,
Nimmt mein Herz mit sich fort,
Gibt mir Weh, gibt mir Ruh;
Meine Heimat bist du.

[1921/22]

Wunder der Liebe

Oft will das Leben nicht mehr weitergehn,
Bleibt schwarz und zögernd stehn –
O schauerlich verwirrte Tage,
Da alles Lebende in uns sich selber haßt,
Sich selbst an der verhaßten Gurgel faßt,
Anklagend sich und Gott in frevelhafter Frage!

O Wunder, wenn uns dann die Liebe naht
Und unsern finstern Pfad
Mit ihrer stillen Flamme lichtet!
Wär diese Gnade nicht, längst hätten wir
Uns ganz verirrt ins teuflische Revier
Und Licht und Gott in uns vernichtet.

[1922]

Abend im April

Blau und Pfirsichblüte,
Veilchen und roter Wein,
O wie blühte, wie glühte
Euer Feuer in mich hinein.

Spät nach Hause gekommen
Steh ich am Fenster lang,
Fühle Träume kommen,
Das Herz ist mir bang.

Bang vor Fülle und Leben
Zittert die Seele in mir.
Wohin soll ich sie geben?
Liebste, ich gebe sie dir.

[1922]

Liebeslied

Ich wollt ich wär eine Blume,
Du kämest still gegangen,
Nähmst mich zum Eigentume
In deine Hand gefangen.

Auch wär ich gern ein roter Wein
Und flösse süß durch deinen Mund
Und ganz und gar in dich hinein
Und machte dich und mich gesund.

[1922]

Lied an die Geliebte im kalten Frühling

Im kalten Vorsaal schlägt die Uhr
Acht, neun oder zehn.
Ich zähle nicht, ich lausche nur,
Wie leise all die Stunden gehn.

Sie fliegen weg wie Wind im Schnee,
Wie Vogelflug im Winterstrich.
Sie tun nicht wohl,
Sie tun nicht weh,
Sind es doch Stunden ohne dich.

[1924]

Der Geliebten

Wieder fällt ein Blatt von meinem Baum,
Wieder welkt von meinen Blumen eine,
Wunderlich in ungewissem Scheine
Grüßt mich meines Lebens wirrer Traum.

Dunkel blickt die Leere rings mich an,
Aber in der Wölbung Mitte lacht
Ein Gestirn voll Trost durch alle Nacht,
Nah und näher zieht es seine Bahn.

Guter Stern, der meine Nacht versüßt,
Den mein Schicksal nah und näher zieht,
Fühlst du, wie mein Herz mit stummem Lied
Dir entgegenharrt und dich begrüßt?

Sieh, noch ist voll Einsamkeit mein Blick,
Langsam nur darf ich zu dir erwachen,
Darf ich wieder weinen, wieder lachen
Und vertrauen dir und dem Geschick.

[1924]

Paradies-Traum

Es duften blaue Blumen hier und dort,
Mit bleichem Blick hält Lotos mich gefangen,
In jedem Blatte schweigt ein Zauberwort,
Aus allen Zweigen äugen still die Schlangen.
Aus Blumenkelchen wachsen straffe Leiber,
Mit Tigeraugen blinzeln aus dem Grün
Der blühenden Sümpfe lauernd weiße Weiber,
Aus deren Haaren rote Blumen glühn.
Es duftet feucht nach Zeugung und Verführung,
Nach dunkler Wollust unerprobter Sünden,
Unwiderstehlich aus verschlafnen Gründen
Lockt Frucht an Frucht zu kosender Berührung,
Geschlecht und Wonne atmet jeder Hauch
Der lauen Luft und schwillt vor Lustverlangen,
Wie Liebesfingerspiel um Brust und Bauch
Der Frauen spielen listigen Blicks die Schlangen.
Nicht die, nicht jene zieht mich werbend an,
Sie alle blühn und locken, nicht zu zählen,
Ich fühle alle, alle mir beglückend nahn,
Ein Wald von Leibern, eine Welt von Seelen.
Und langsam schwillt der Sehnsucht seliges Weh
Und löst, entfaltet mich nach hundert Seiten,
Zum Weibe schmelz ich hin, zum Baum, zum See,
Zum Quell, zum Lotos, zu den Himmelsweiten,
Auf tausend Flügeln auseinanderfaltet
Sich meine Seele, die ich Eins gemeint,

Vertausendfacht, zum bunten All gestaltet,
Erlösch ich mir und bin der Welt vereint.

[1926]

Einem Mädchen

Von allen den Blumen
Bist du mir die liebste,
Süß ist und kindlich der Hauch deines Mundes,
Voll von Unschuld und doch voll Lust lacht dein Blick,
Dich nehm ich, Blume, in meine Träume mit,
Dort zwischen den bunten,
Singenden Zaubergewächsen
Ist deine Heimat, dort welkst du nie,
Ewig blüht dort, im Liebesgedicht meiner Seele,
Deine Jugend fort mit dem innigen Duft.

Viele Frauen hab ich gekannt,
Viele mit Schmerzen geliebt,
Vielen wehe getan –
Nun im Abschiednehmen grüß ich in dir
Noch einmal alle Zauber der Anmut,
Alle holden Reize der Jugend.
Und im Träumegarten
Meiner heimlichsten Dichtung
Stell ich dich, die mir so viel geschenkt,
Lächelnd und dankbar zu den Unsterblichen.

[1926]

Verführer

Gewartet habe ich vor vielen Türen,
In manches Mädchenohr mein Lied gesungen,
Viel schöne Frauen sucht ich zu verführen,
Bei der und jener ist es mir gelungen.
Und immer, wenn ein Mund sich mir ergab,
Und immer, wenn die Gier Erfüllung fand,
Sank eine selige Phantasie ins Grab,
Hielt ich nur Fleisch in der enttäuschten Hand.
Der Kuß, um den ich innigst mich bemühte,
Die Nacht, um die ich lang voll Glut geworben,
Ward endlich mein – und war gebrochene Blüte,
Der Duft war hin, das Beste war verdorben.
Von manchem Lager stand ich auf voll Leid,
Und jede Sättigung ward Überdruß;
Ich sehnte glühend fort mich vom Genuß
Nach Traum, nach Sehnsucht und nach Einsamkeit.
O Fluch, daß kein Besitz mich kann beglücken,
Daß jede Wirklichkeit den Traum vernichtet,
Den ich von ihr im Werben mir gedichtet
Und der so selig klang, so voll Entzücken!
Nach neuen Blumen zögernd greift die Hand,
Zu neuer Werbung stimm ich mein Gedicht ...
Wehr dich, du schöne Frau, straff dein Gewand!
Entzücke, quäle – doch erhör mich nicht!

[1926]

Fest am Samstagabend

Heut war die schöne Mailänderin dabei,
Wir tanzten wenig, saßen lang und sprachen,
Früh um fünf Uhr kam ich nach Haus,
Man sah am Himmel, daß der Tag schon nahe sei.
Geliebte, du darfst nicht schelten noch lachen,
Die Mailänderin sah so traumhaft aus,
Ihr Auge und Mund ist so klar geschnitten;
Zwei Stunden lang war ich in sie verliebt,
Ohne sie doch um mehr zu bitten,
Als was jede Frau jedem Manne von selber gibt.
Jetzt schau ich zurück auf die festliche Nacht,
Sie hat mir doch etwas wie Glück gebracht,
Und nun träum ich von deinen schwarzen Haaren,
Liebe Seele, wärest du hier!
Meine Sehnsucht geht nur nach dir;
Niemals werd ich nach Mailand fahren,
Wenn ich es auch so obenhin versprach.
Der Sonntagmorgen schaut in mein Gemach,
Nur eine Minute schlief ich und sah im Traum
Dich und die Milanesin zusammenfließen,
Weib und Schlange unter dem Lebensbaum,
Und mich so fest und glühend umschließen,
Wie ich's in Jünglingsträumen einst gefühlt,
Die niemals eine Wirklichkeit ernüchtert und gekühlt.
Das Paradies stand hell in Flammen,
Und ihr beide drücktet mein Herz
So voll selig tötender Liebe zusammen,

Daß ich verging in rasender Wollust Schmerz.
– Wohin ist das schon wieder entschwunden?
Ich liege, Schlaf erwartend, seit Stunden,
Müde, müde, aber noch immer ein wenig froh.
Nun ja, ich weiß, es bleibt nicht lange so.

[1926]

Weg zur Mutter

Manchmal duftet aus dem öden Grau
Eine Stunde voller Seligkeit,
Blumig wie der Name einer Frau:
Dagmar, Eva, Lise, Adelheid.
Manchmal schimmert so ein weißer Blitz
Mädchenhaut aus eines Ärmels Spalt,
Liebesblick aus schmalem Augenschlitz,
Kurzer Freuden holder Aufenthalt.
Und obwohl ich ihre Kürze kenne,
Bin ich voll Verlangen nach der Lust,
Sende Liebesblicke aus und brenne
Zärtlich auf an jeder Frauenbrust.

So zum Kinde bin ich jetzt geworden,
Das in seiner kleinen Freuden Flucht
Gierig läuft und heimlich allerorten
Mutterduft und Mutterbrüste sucht.
Seid willkommen, kurze Liebesfeuer,
Seid geküßt, ihr Augen braun und blau,
Spiel der Werbung, buntes Abenteuer,
Sei willkommen, ewige Mutter Frau!
Dich zu lieben, weiß ich, führt zum Tod,
Eilig ist mein Faltertraum verloht.
Laß mich nicht im Dunkeln einst verderben,
Mitten in den Flammen laß mich sterben!

[1926]

Der Wüstling

Rot blüht die Blume der Lust,
Rosig lächelt die Knospe auf deiner Brust,
Schaudert bebend unter meiner Zunge.
Einst war ich ein kleiner Junge,
Lernte Griechisch und ging zur Konfirmation,
Eines frommen Vaters vielversprechender Sohn.
Aber was ich damals versprochen,
Daraus ist nicht viel geworden,
Ich bin heraus aus eurem Garten gebrochen,
Schweife flackernd umher in der Wildnis,
Noch verfolgt und gequält von jenem Jugendbildnis,
Das ich mich mühe zu tilgen und langsam zu morden.
Vielleicht morde ich's, Mädchen, in deiner Seele,
Vielleicht, noch eh diese Stunde der Lust verglüht,
Drück ich die Hände um deine zuckende Kehle.
O wie dunkel das Lächeln auf deinen Lippen blüht!
Küß mich! Beiß mich! Und eine Stunde später
Ist vielleicht schon alles vorbei und vollendet,
Ist das Bildnis erloschen, das lästige Blatt gewendet,
Blut blüht im Bett, und die Polizei sucht den Täter.

Es blüht die Blume an deiner Brust!
Menschen wie mich zu lieben, ist nicht gut.
Ach, daß du mich hast lieben gemußt,
Zahlen wir, kleine Herzeleide,
Zahlen wir alle beide
Mit unserem Blut. [1926]

Verwelkende Rosen

Möchten viele Seelen dies verstehen,
Möchten viele Liebende es lernen:
So am eigenen Dufte sich berauschen,
So verliebt dem Mörder Wind zu lauschen,
So in rosiges Blätterspiel verwehen,
Lächelnd sich vom Liebesmahl entfernen,
So den Abschied als ein Fest begehen,
So gelöst dem Leiblichen entsinken
Und wie einen Kuß den Tod zu trinken!

[1927]

Für Ninon

Daß du bei mir magst weilen,
Wo doch mein Leben dunkel ist
Und draußen Sterne eilen
Und alles voll Gefunkel ist,

Daß du in dem Getriebe
Des Lebens eine Mitte weißt,
Macht dich und deine Liebe
Für mich zum guten Geist.

In meinem Dunkel ahnst du
Den so verborgnen Stern.
Mit deiner Liebe mahnst du
Mich an des Lebens süßen Kern.

[1927]

Die Geheimnisvolle

So viele Frauen, wenn sie lieben, geben
Uns in der Wollust ihr Geheimnis preis,
Wir pflücken es, und kennen sie fürs Leben.
Denn ob die Liebe auch zu täuschen weiß,
Ob auch die Wollust noch vermag zu trügen:
Wo beide Eins sind, können sie nicht lügen.

Du hast mit mir das Sakrament gefeiert,
Und Wollust schien bei dir mit Liebe Eins,
Und dennoch hast du dich mir nicht entschleiert,
Du hast das bange Rätsel deines Seins
Mir nie gelöst und anvertraut im Lieben,
Bist immer ein Geheimnis mir geblieben.

Dann bist du, plötzlich meiner müd, gegangen,
Und tatest mir zum letzten Male weh.
Ein Stück von mir blieb noch bei dir gefangen,
Und wenn ich fern dich Schlanke gehen seh,
Kann ich die fremde schöne Frau begehren,
Als ob wir nie ein Paar gewesen wären.

[1928]

Wollust

Nichts als strömen, nichts als brennen,
Blindlings in das Feuer rennen,
Hingerissen, hingegeben
Der unendlichen Flamme: Leben!
Plötzlich aber, bang durchzittert,
Sehnt aus dem unendlichen Glück
Angstvoll sich das Herz zurück,
Das den Tod im Lieben wittert...

[1929]

Zu einem Bildnis

Dunkel blicken aus den köstlichen
Farben zärtlicher Bemalung
Sinnend schwer die großen, östlichen
Augen mit gedämpfter Strahlung.

Und der Mund, still und gekräftigt,
Scheint ein wenig leidbeflissen,
Scheint mit einem Leid beschäftigt,
Das er kostend angebissen,
Das er wie verbotene Frucht
Fürchtet und doch liebt und sucht.

[1933]

Nachwort

Fast jedes zehnte Gedicht Hermann Hesses ist ein Liebesgedicht. Die meisten stammen aus dem Zeitraum zwischen seinem fünfzehnten und fünfundfünfzigsten Lebensjahr. Erstmals werden sie hier in einem Einzelband zusammengefaßt, der diese beinah ausnahmslos gereimten und bis auf den heutigen Tag von zahllosen Komponisten vertonten Lieder in der zeitlichen Abfolge ihrer Entstehung überliefert.

Im Februar 1922 hatte der Redakteur der Zeitschrift »Simplicissimus«, Hesses langjähriger Münchner Freund Reinhold Geheeb, dem Dichter für die Zusendung einer Folge neuer Verse gedankt, die ihm ungewöhnlich lebensnah vorgekommen seien. Hesses lakonische Antwort darauf ist charakteristisch. Sie lautete: »Wie Du vermutest, habe ich jene Liebeslieder natürlich nicht der Literatur wegen gemacht.« Das trifft keineswegs nur auf seine Liebesgedichte zu, sondern auf alles, was dieser Autor geschrieben hat. Denn l'art pour l'art konnte er sich nicht leisten.

Zunächst ganz unbekümmert um die Maßstäbe von Kunst und Konvention, sind Hesses Dichtungen von einem Bedürfnis diktiert und an eine Funktion gebunden, sei es als Mitteilung, als Klärung der eigenen Lage oder als Rechtfertigung einer sich oft schmerzvoll von den Spielregeln bürgerlicher Normen abhebenden Eigenart. Und weil kein Lebensbereich sich über diese Spielregeln auf so anarchische Weise hinwegsetzt wie die Liebe, die meist unbekümmert um den gesellschaftlichen Status, das Urteil der Mitmenschen, um Eigennutz, Alter oder Zweckmäßigkeit ihr Ziel verfolgt, ist sie wohl keiner Disposition so wahlverwandt wie der des Künstlers mit seiner unbefangenen und auf die Befreiung von allen Fesseln bedachten Weltsicht. Als kreativster Antrieb des Lebens ist die Liebe ein ebenso so elementares wie unerschöpfliches Thema. Doch meist nur dort, wo sich das Leben der Liebe entgegenstellt, sublimiert sie an diesem Widerstand zur Kunst. Denn wie jede Sehnsucht, die unerfüllbar scheint, drängt sie nach Ausdruck: »Und in Liedern verblutet / Statt in Liebesarmen mein Herz«, heißt es in einem Gedicht Hermann Hesses, dem er bezeichnenderweise den Titel *Der Dichter* gegeben hat.

Mit dem Minnesang beginnt die Geschichte der deutschen Lyrik, und wie bei sehr vielen seiner Vorläufer waren auch bei Hesse die frühesten Verse Liebesgedichte, ob sie nun um eine Maria oder Gertrud kreisen, denen er seine erste Veröffentlichung *Romantische Lieder* (1899) gewidmet hat, oder um Jugendlieben wie Eugenie Kolb, Julie Hellmann, Helene Voigt, Elisabeth La Roche und seine erste Frau Mia. Sie enthalten alle Themen, die einen Verliebten beflügeln und ihm zu schaffen machen: Flirt, Mutwille, Sehnsucht, Verzweiflung, Eifersucht, Ungeduld, Leidenschaft, Bedürfnis nach Nähe, Glück und Trauer über die Vergänglichkeit jeder Erfüllung. Und alle diese Stimmungen, Depressionen wie Höhenflüge, finden nicht nur in der inhaltlichen Aussage, sondern fast suggestiver noch im Rhythmus und der Melodik von

Hesses Versen den ihnen eigenen, natürlichsten Ausdruck.

In *Peter Camenzind*, dem ersten Roman des damals Fünfundzwanzigjährigen, der das schöne, an die unerreichbare Elisabeth La Roche gerichtete Gedicht »Wie eine weiße Wolke« enthält, hat Hesse ein Grundmotiv seiner frühen Liebesgedichte festgehalten: »Für mich ist die Liebe zu Frauen immer ein reinigendes Anbeten gewesen, eine steile Flamme, meiner Trübe entlodert... Von der Mutter her verehrte ich die Frauen insgesamt als ein fremdes, schönes und rätselhaftes Geschlecht, das uns durch seine angeborene Schönheit und Einheitlichkeit des Wesens überlegen ist und das wir heilig halten müssen, weil es gleich Sternen und blauen Berghöhen uns ferne ist und Gott näher zu sein scheint.« Obwohl »das rauhe Leben«, wie er ernüchtert fortfährt, »seinen reichlichen Senf dazu gab«, möchte er sich diesen Auftrieb erhalten. Weil er sich angesichts der als vollkommen empfundenen Ausstrahlung der Geliebten meist minderwertig vorkommt, wird ihm die Liebe zum Ansporn, sich zu einer wertvolleren Persönlichkeit zu steigern, um sich auch seinerseits dieser Vollkommenheit würdig erweisen zu können.

Sich die Liebe als Quelle inneren Wachstums zu bewahren und – wo sie sich nicht festhalten läßt – immer wieder neu zu erobern, ist Hesse vor allem deshalb ein Bedürfnis, weil ihm nur dann jene Aufgeschlossenheit möglich ist, wie sie das Gedicht *Nächtlicher Weg* zum Ausdruck bringt: »Aller Welt bin ich verbunden / Allem Leben aufgetan / Habe neu die Bahn gefunden, / Die mich hält im Weltenplan.« Was er als Mensch und als Dichter zu erreichen hofft, ist Einklang mit der kosmischen Ordnung, Teilhabe am organischen Wachstum der Natur, die sich dank der Liebe stets erneuert und in einer kreativen Vielfalt verschwendet, die dem Ausdruckstrieb des Künstlers verwandt ist: »Du in meinem Blute innen / Liebe du, was soll dein Träumen? / Willst ja nicht in Tropfen rinnen, / Willst in Strömen, willst in Fluten / Dich vergeuden, dich verschäumen.« (*Nelke*)

Selten, viel zu selten ist diese Intensität möglich. Darum formuliert Hesse in der Wunschform des Konjunktiv, was in der Wirklichkeit leider die ersehnte Ausnahme bleibt: »Auch wär ich gern ein roter Wein / Und flösse süß durch deinen Mund / Und ganz und gar in dich hinein / Und machte dich und mich gesund.« Zwischen den fast unvereinbaren Polen seiner Sehnsucht, in der Liebe Halt und Heimat zu finden, und dem Bedürfnis, sich mit ihrer Hilfe immer neu verwandeln zu können, bewegen sich seine Verse.

Über den Spezialfall der Künstlerliebe hat sich Hesse nirgendwo so unmißverständlich geäußert wie in seinem Begleittext zu Frans Masereels Bilderfolge »Geschichte ohne Worte« (1933): »Sie erzählt die Geschichte einer Liebe und zwar einer ganz bestimmten Art von Liebe: der Liebe des idealen Jünglings, des Geistigen und Phantasten zur schönen, banalen Frau. Sie bezaubert ihn, sie weckt den Träumer aus seiner Einsamkeit und seinem Frieden, erfüllt ihn mit Sehnsucht nach Liebe, Sehnsucht nach Sinnengenuß, nach Welt, nach Hingabe, sie reißt ihn zu ungestümer Werbung hin, und sie bleibt, während er Mond und Sterne ihr zu Füßen legt, immer das kluge, kühle Weibchen, dem weder an Monden noch an Sternen viel gelegen ist, das die Stürme seiner Verliebtheit lächelnd ansieht und noch schürt, um sich möglichst teuer zu verkaufen. Er bringt jedes Opfer, er erschöpft sich in Hingabe, in Demütigung, und endlich gewinnt er sie. Und vom Augenblick der Erfüllung an vertauschen sich die Rollen. Nach raschem, loderndem Glück und Rausch ist er, der eben noch Glühende, gesättigt und ernüchtert, er hat Genuß gefunden, aber nicht jenen Himmel von Wonne, nicht jenes Paradies, von dem er geträumt hat, und hinter den zerrissenen Schleiern seiner Bezauberung sieht er jetzt das, was er verloren und geopfert hat, sieht seinen Frieden, seine Freiheit, seine Bestimmung zu Werk und Vision, seine Einsamkeit und Geistigkeit, seinen Traum von Berufung und Zukunft. Er schaudert, er stößt das Weib von sich, er flieht; viel zu teuer hat er dies Sinnenglück bezahlt. Sie aber, das Weib, ist jetzt an ihn gebunden, sie hat sich ihm gegeben, und sie will ihn festhalten, mit Lockung, mit Tränen: nun ist sie die Leidende, sie die Werbende, sie die Betrogene und Beleidigte ...

Es wäre ein Irrtum, dies als bittere Anklage gegen die Liebe, gegen das Weib, gegen die Sinne aufzufassen. Ebenso falsch wäre es, es für die Geschichte eines einzelnen, seltenen, speziellen und unglücklichen Falles zu nehmen. Sie ist echt, diese Tragödie, diese uralte Fremdheit zwischen Geist und Sinnen, die im Zauber der Verliebtheit hinzuschmelzen scheint und nach dem Liebesgenuß von neuem aufersteht und zur bitteren Feindschaft zwischen den Geschlechtern wird... Daß dieser Künstler, indem er die tragische Seite der Liebe zeigt, nicht etwa die Liebe verleumden will, daß er auch andere Arten der Liebe, holdere, glücklichere kennt, mag man« – bei Frans Masereel wie bei Hesse – »aus anderen Gedichten und Bilderfolgen ablesen.«

Daß »Phantasie und Einfühlungsvermögen nichts anderes sind als Formen der Liebe«, ist ein weiteres Motiv in Hesses Lyrik. Ein anderes ist seine Furcht vor Stagnation und Gewohnheit, weil sie zufrieden und unproduktiv machen: »Kein Abschied, kein Blitz und Donner ist der Liebe so schädlich, wie ein totes gelähmtes Zusammensein. Aus dem besteht die Hälfte aller Ehen«, notiert er in einem an Ruth Wenger gerichteten Brief vom Dezember 1922. Schon 1909, während seiner ersten Ehe mit Maria Bernoulli, der Mutter der drei gemeinsamen Söhne, notiert Hesse: »Wer es einmal gekostet hat, wie kein Sieg und kein Besitz und keine Liebe aus zwei Menschen und Leben eines machen kann, wer daran leidet und das nicht mehr vergißt, der freut sich gerne einer unausgesprochenen und unverbrauchten Liebe. Der feine Schmerz des Entbehrens und Alleinbleibens, ohne den nichts Schönes uns berührt, schwingt leise mit und kann ein guter und beinahe heiterer Kamerad und Begleiter werden.« (*Promenadenkonzert*)

Obwohl dreimal verheiratet, war bezeichnenderweise nie er selbst es, der diese bürgerliche Bindung angestrebt hatte. Die Künstler, vermerkt er, seien zwar oft feurige Liebhaber, aber keine guten Ehemänner: »Denn der Künstler lebt in erster Linie für sein Werk. Er hat nicht mehr Liebe zu geben als ein anderer, sondern eher weniger, da die Arbeit an seinem Werk so viel davon erfordert.« Dies sei der Gott, dem auch er diene. Er sei eifersüchtig wie Jehova und dulde keine anderen Götter neben sich.

Oft hat man bei der Lektüre von Hesses Liebesgedichten den Eindruck, daß er – um sich die Liebe als produktiven Antrieb zu erhalten – ein zeitlebens Werbender geblieben ist, ein Unsteter, der noch als Fünfzigjähriger von sich sagt: »Viele Frauen hab ich gekannt, viele mit Schmerzen geliebt« (*Einem Mädchen*). Aber mittlerweile sind es Schmerzen, die nicht mehr wie in den Jugendgedichten der Unerreichbarkeit der Geliebten, sondern der Erfahrung entspringen: »O Fluch, daß kein Besitz mich kann beglücken, / Daß jede Wirklichkeit den Traum vernichtet, / Den ich von ihr im Werben mir gedichtet / Und der so selig klang, so voll Entzücken!« Denn es gibt für ihn »keinen immerwährenden Traum, jeden löst ein neuer ab, und keinen darf man festhalten wollen«.

In dauerhafter Zweisamkeit Erfüllung zu finden, war Hesse bis weit in seine dritte Ehe hinein auch darum so selten möglich, weil für den Künstler die Zweisamkeit nur um den Preis eines hohen Maßes an Einsamkeit erträglich ist. Er betrachtet die Liebe nicht als sein Eigentum, sondern als Allgemeinbesitz, sobald sie fruchtbar wird im Werk. So kann ihn auch keine Erfüllung befriedigen und selbstgenügsam machen, sondern es drängt ihn, Abstand zu nehmen, um sie produktiv werden und andere daran teilhaben zu lassen: »Von manchem Lager stand ich auf voll Leid / Und jede Sättigung ward Überdruß; / Ich sehnte glühend fort mich vom Genuß / Nach Traum, nach Sehnsucht und nach Einsamkeit.« (*Verführer*)

Die wohl schönsten seiner Liebesgedichte schrieb Hesse als Vierzigjähriger, vor seiner Ehe mit der zwei Jahrzehnte jüngeren Sängerin Ruth Wenger. Die aufwühlendsten und sinnlichsten Verse jedoch stammen aus den Jahren danach. Es sind die *Krisis*-Gedichte des Steppenwolf, der als Fünfzigjähriger Tanzstunden und Maskenbälle besucht und sich wie nie zuvor in seinem Leben dem Rausch der Sinne überläßt. Erst jetzt wird die Erotik für den Theologensohn Hesse zu einer Welt, die keine Erbsünde mehr kennt. Und was er schon in seiner Novelle *Klein und Wagner* vorweggenommen hatte, beginnt er fortan auszuleben: »Es gab keine Frau, ohne die man nicht leben konnte – und es gab auch keine Frau, mit der man nicht hätte leben können.« Die idealisierende Überhöhung der Geliebten in seinen Jugendgedichten macht im Lauf der Jahre einer gelassenen Aufgeschlossenheit Platz, die sich ergriffen und dankbar am Glück des Augenblicks erfreut: »Seid willkommen, kurze Liebesfeuer / Seid geküßt ihr Augen braun und blau / Spiel der Werbung, buntes Abenteuer / Sei willkommen, ewige Mutter Frau.«

In der Frau als ewiger Mutter ist der Geschlechterkampf aufgehoben. Ohne daß sie dabei für Hesse an Reiz und Lockung verliert, kommt es mit zunehmendem Alter zu einem Ausgleich der polaren Spannung, wie in den an seine dritte Frau Ninon gerichteten Versen: »Daß du in dem Getriebe / Des Lebens eine Mitte weißt / Macht dich und deine Liebe / Für mich zum guten Geist.«

Die vorliegende Auswahledition enthält etwa zwei Drittel aller Liebesgedichte Hermann Hesses. Über die vom Verfasser selbst in den Sammelband *Die Gedichte* aufgenommene Lyrik hinaus bringt unser Themenband 18 weitere Gedichte. Vier davon stammen aus der 1902 in der Grote'schen Verlagsbuchhandlung, Berlin erschienenen Ausgabe *Gedichte* (*Ich soll dir Lieder singen / Einem Unzufriedenen / La belle qui veut . . . / Erinnerung*), zwei aus dem 1928 bei S. Fischer in Berlin erschienenen Band *Krisis* (*Fest am Samstagabend / Der Wüstling*). Zwölf weitere, nicht weniger charakteristische Gedichte fanden sich in Hermann Hesses Nachlaß (*Liebeslied / Ins Album / Drüben / Aus »Hermann Lauscher« / Neue Liebe / Mai / Liebeslied / Einen Sommer lang / Sommers Ende (1907) / Wiedersehen / Abend im April / Lied an die Geliebte im kalten Frühling*).

In seiner chronologischen Anlage versucht dieser Band eine sich über vier Jahrzehnte erstreckende Entwicklung überschaubar zu machen. Sie umfaßt alle Höhen und Tiefen, die dieses Thema ausmachen. Selten ist in der Lyrik des 20. Jahrhunderts das unerschöpfliche Spektrum der Liebe noch einmal so vielfarbig und volksliedhaft-unverstiegen Melodie geworden wie in Hermann Hesses Gedichten.

Volker Michels

Alphabetisches Verzeichnis der Gedichtanfänge

Inhalt

Zu dieser Ausgabe

insel taschenbuch 2263: Die vorliegende Zusammenstellung der Liebesgedichte Hermann Hesses erschien erstmals 1997 als insel taschenbuch 1958.

Hermann Hesse
im Suhrkamp Verlag
und Insel Verlag

Gesammelte Schriften in sieben Bänden. Leinen

Gesammelte Werke. Werkausgabe in den suhrkamp taschenbüchern in zwölf Bänden. st 1600

Ausgewählte Werke in sechs Bänden. Leinen und Leder

Gesammelte Erzählungen. Sechs Bände. Geschenkausgabe mit farbigem Dekorüberzug in Schmuckkassette

Die Romane und großen Erzählungen. Acht Bände. Jubiläumsausgabe mit farbigem Dekorüberzug in Schmuckkassette

Hermann Hesse Lesebücher

Eigensinn macht Spaß. Individuation und Anpassung. Zusammengestellt von Volker Michels. Paperback

Die Einheit hinter den Gegensätzen. Religionen und Mythen. Zusammengestellt von Volker Michels. Paperback

Die Hölle ist überwindbar. Krisis und Wandlung. Zusammengestellt von Volker Michels. Paperback

Jedem Anfang wohnt ein Zauber inne. Lebensstufen. Zusammengestellt von Volker Michels. Paperback und Großdruck. it 2357

Das Stumme spricht. Herkunft und Heimat. Natur und Kunst. Zusammengestellt von Volker Michels. Paperback

Wer lieben kann, ist glücklich. Über die Liebe. Zusammengestellt von Volker Michels. Paperback

Einzelausgaben

Aus Indien. Aufzeichnungen, Tagebücher, Gedichte, Betrachtungen und Erzählungen. Neu zusammengestellt und ergänzt von Volker Michels. st 562

Aus Kinderzeiten. Gesammelte Erzählungen Band 1. 1900-1905. Zusammengestellt von Volker Michels. st 347

Bäume. Betrachtungen und Gedichte. Mit Fotografien von Imme Techentin. Zusammenstellung der Texte von Volker Michels. it 455 und it 1815

Bericht aus Normalien. Humoristische Erzählungen, Gedichte und Anekdoten. Herausgegeben und mit einem Nachwort von Volker Michels. st 1308

Berthold. Erzählung. st 1198

Beschreibung einer Landschaft. Schweizer Miniaturen. Herausgegeben und mit einem Vorwort versehen von Siegfried Unseld. Leinen und st 1970

14/1/8.96

Hermann Hesse
im Suhrkamp Verlag
und Insel Verlag

Der Bettler. Zwei Erzählungen. Mit einem Nachwort von Max Rychner. st 1376

Boccaccio. Der Dichter des Dekameron. Mit einem Nachwort von Fritz Wagner. Mit sechzehn, teils farbigen Abbildungen. IB 1131

Casanovas Bekehrung und Pater Matthias. Zwei Erzählungen. st 1196

Demian. Die Geschichte von Emil Sinclairs Jugend. BS 95 und st 206

Eigensinn. Autobiographische Schriften. Auswahl und Nachwort von Siegfried Unseld. BS 353

Emil Kolb. Erzählung. st 1202

Der Europäer. Gesammelte Erzählungen Band 3. 1909-1918. Zusammengestellt von Volker Michels. st 384

Farbe ist Leben. Die schönsten Aquarelle. Ausgewählt und mit einem Nachwort von Volker Michels. it 1810

Franz von Assisi. Mit Fresken von Giotto und einem Essay von Fritz Wagner. it 1069

Freunde. Erzählung. st 1284

Die Gedichte. Herausgegeben und mit einem Nachwort versehen von Volker Michels. Leinen

Gedichte des Malers. Zehn Gedichte mit farbigen Zeichnungen. it 893

Die Gedichte. 1892-1962. 2 Bde. Neu eingerichtet und um Gedichte aus dem Nachlaß erweitert von Volker Michels. st 381

Gertrud. Roman. st 890

Das Glasperlenspiel. Versuch einer Lebensbeschreibung des Magister Ludi Josef Knecht samt Knechts hinterlassenen Schriften. Leinen, st 79 und st 2572

Glück. Späte Prosa. Betrachtungen. BS 344

Die Heimkehr. Erzählung. st 1201

Hermann Hesse Lesebuch. Ausgewählt und herausgegeben von Volker Michels. st 1975

Hermann Lauscher. Mit frühen, teils unveröffentlichten Zeichnungen und einem Nachwort von Gunter Böhmer. it 206

Hermann Lauscher. st 2517

Heumond. Erzählung. st 1194

Im Garten. Betrachtungen und Gedichte. Zusammengestellt und mit einem Nachwort von Volker Michels. Mit zahlreichen Abbildungen. it 1329 und it 1816

In der alten Sonne. Erzählung. st 1378

Innen und Außen. Gesammelte Erzählungen Band 4. 1919-1955. st 413

Iris. Ausgewählte Märchen. BS 369

14/2/8.96

Hermann Hesse
im Suhrkamp Verlag
und Insel Verlag

Italien. Schilderungen, Tagebücher, Gedichte, Aufsätze, Buchbesprechungen und Erzählungen. Herausgegeben und mit einem Nachwort von Volker Michels. st 689

Jahreszeiten. Betrachtungen, Gedichte und Aquarelle zu den 12 Monaten. Herausgegeben von Volker Michels. Großdruck. it 2339

Josef Knechts Lebensläufe. BS 541

Kinderseele. Erzählung. st 1203

Kindheit des Zauberers. Ein autobiographisches Märchen. Handgeschrieben, illustriert und mit einer Nachbemerkung versehen von Peter Weiss. it 67

Kindheit und Jugend vor Neunzehnhundert. Hermann Hesse in Briefen und Lebenszeugnissen. 1. Band: 1877-1895. Ausgewählt und herausgegeben von Ninon Hesse. Leinen und st 1002

Kindheit und Jugend vor Neunzehnhundert. Hermann Hesse in Briefen und Lebenszeugnissen. 2. Band: 1895-1900. Herausgegeben von Ninon Hesse. Fortgesetzt und erweitert von Gerhard Kirchhoff. Leinen und st 1150

Klein und Wagner. Novelle. st 116

Kleine Freuden. Verstreute und kurze Prosa aus dem Nachlaß. Herausgegeben und mit einem Nachwort von Volker Michels. st 360

Klingsors letzter Sommer. Erzählung mit farbigen Bildern vom Verfasser. BS 608

Klingsors letzter Sommer. Erzählung. st 1195

Knulp. Drei Geschichten aus dem Leben Knulps. BS 75

Knulp. Drei Geschichten aus dem Leben Knulps. Mit dem Fragment ›Knulps Ende‹. Mit sechzehn Steinzeichnungen von Karl Walser. it 394

Knulp. st 1571

Krisis. Ein Stück Tagebuch. BS 747

Die Kunst des Müßiggangs. Kurze Prosa aus dem Nachlaß. Herausgegeben und mit einem Nachwort von Volker Michels. st 100

Kurgast. Aufzeichnungen von einer Badener Kur. st 383

Ladidel. Erzählung. st 1200

Der Lateinschüler. Erzählung. st 1193

Lebenszeiten. Ein Brevier, ediert von Siegfried Unseld. Mit Abbildungen und Dokumenten. Großdruck. it 2343

Legenden. Zusammengestellt von Volker Michels. BS 472 und st 909

Lektüre für Minuten. Gedanken aus seinen Büchern und Schriften. Ausgewählt und zusammengestellt von Volker Michels. Paperback und st 7

14/3/8.96

Hermann Hesse
im Suhrkamp Verlag
und Insel Verlag

Lektüre für Minuten. Neue Folge. Gedanken aus seinen Büchern und Briefen. Herausgegeben von Volker Michels. st 240
Liebesgedichte. it 1958
Liebesgeschichten. Geschichten, Gedanken und Gedichte über die Liebe. Herausgegeben und mit einem Nachwort versehen von Volker Michels. st 2400
Das Lied des Lebens. Die schönsten Gedichte. Paperback
Eine Literaturgeschichte in Rezensionen und Aufsätzen. Herausgegeben von Volker Michels. st 252
Luftreisen. Berichte und Gedichte. Herausgegeben und mit einem Nachwort versehen von Volker Michels. Mit zahlreichen Abbildungen. it 1604
Die Märchen. Zusammengestellt von Volker Michels. st 291 und Großdruck. it 2349
Magie der Farben. Aquarelle aus dem Tessin. Mit Betrachtungen und Gedichten zusammengestellt und mit einem Nachwort versehen von Volker Michels. it 482
Magie des Buches. Betrachtungen. BS 542
Die Marmorsäge. Zwei Erzählungen. st 1381
Mein Glaube. Eine Dokumentation. Auswahl und Nachwort von Siegfried Unseld. BS 300
Mit der Reife wird man immer jünger. Betrachtungen und Gedichte über das Alter. Herausgegeben von Volker Michels. Großdruck. it 2311
Mit Hermann Hesse durch das Jahr. Mit Reproduktionen von 13 aquarellierten Federzeichnungen von Hermann Hesse. Paperback
Mit Hermann Hesse durch Italien. Ein Reisebegleiter durch Oberitalien. Mit farbigen Fotografien. Herausgegeben von Volker Michels. it 1120
Mit Hermann Hesse reisen. Betrachtungen und Gedichte. Herausgegeben von Volker Michels. it 1242
Die Morgenlandfahrt. Eine Erzählung. BS 1 und st 750
Musik. Betrachtungen, Gedichte, Rezensionen und Briefe. Mit einem Essay von Hermann Kasack. Eine Dokumentation. Ausgewählt und zusammengestellt von Volker Michels. BS 1142 und st 1217
Narziß und Goldmund. Erzählung. BS 65, st 274 und st 2640
Die Nürnberger Reise. Mit farbigen Abbildungen und einem Nachwort von Siegfried Unseld. Gebunden
Die Nürnberger Reise. st 227

14/4/8.96

Hermann Hesse
im Suhrkamp Verlag
und Insel Verlag

Peter Camenzind. Erzählung. st 161

Piktors Verwandlungen. Ein Liebesmärchen, vom Autor handgeschrieben und illustriert, mit ausgewählten Gedichten und einem Nachwort versehen von Volker Michels. it 122

Politik des Gewissens. Die politischen Schriften. 1. Band: 1914-1932. 2. Band: 1933-1962. Vorwort von Robert Jungk. Herausgegeben von Volker Michels. st 656

Robert Aghion. Erzählung. st 1379

Roßhalde. Roman. st 312

Schmetterlinge. Betrachtungen, Erzählungen, Gedichte. Zusammengestellt und mit einem Nachwort versehen von Volker Michels. it 385

Schön ist die Jugend. Erzählung. st 1380

Schriften zur Literatur. Band 1. Leinenkaschiert

Schriften zur Literatur. Band 2. Leinenkaschiert

Siddhartha. Eine indische Dichtung. BS 227 und st 182

Sinclairs Notizbuch. Mit aquarellierten Federzeichnungen des Verfassers. BS 839

Die späten Gedichte. Mit einer Nachbemerkung. IB 803

Die Stadt. Ein Märchen, ins Bild gebracht von Walter Schmögner. it 236

Der Steppenwolf. Aquarelle von Gunter Böhmer. BS 869

Der Steppenwolf. Erzählung. st 175

Stufen. Ausgewählte Gedichte. BS 342

Stunden im Garten. Zwei Idyllen. Mit teils farbigen Zeichnungen von Gunter Böhmer. IB 999

Tessin. Betrachtungen, Gedichte und Aquarelle des Autors. Herausgegeben und eingeleitet von Volker Michels. Leinen und it 1494

Tractat vom Steppenwolf. Nachwort von Beda Allemann. es 84

Traumgeschenk. Aufzeichnungen, Gedichte und Betrachtungen über das Träumen. Herausgegeben und mit einem Nachwort versehen von Volker Michels. st 2462

Unterm Rad. Erzählung. st 52

Unterm Rad. Roman in der Urfassung. Illustriert von Gunter Böhmer. Mit einem Nachwort von Volker Michels. Leinen und BS 981

Die Verlobung. Gesammelte Erzählungen Band 2. 1906-1908. st 368

Der vierte Lebenslauf Josef Knechts. Zwei Fassungen. Mit einem Nachwort von Theodore Ziolkowski. Herausgegeben von Ninon Hesse. st 1261

Vom Baum des Lebens. Ausgewählte Gedichte. Mit einem Nachwort von Volker Michels. IB 454

14/5/8.96

Hermann Hesse
im Suhrkamp Verlag
und Insel Verlag

Von guten Büchern. Rezensionen aus den Jahren 1900-1910. Herausgegeben von Volker Michels in Zusammenarbeit mit Heiner Hesse. Leinen

Walter Kömpff. Erzählung. st 1199

Wanderung. Aufzeichnungen. Mit 14 Aquarellen des Verfassers. BS 444 und Großdruck. it 2354

Die Welt der Bücher. Betrachtungen und Aufsätze zur Literatur. Zusammengestellt von Volker Michels. st 415

Der Weltverbesserer und Doktor Knölges Ende. Zwei Erzählungen. st 1197

Zarathustras Wiederkehr. Ein Wort an die deutsche Jugend und andere Aufrufe gegen den Herdengeist von rechts und links. Herausgegeben von Volker Michels. st 2228

Der Zwerg. Ein Märchen. Mit Illustrationen von Rolf Köhler. it 636

Der Zyklon. Zwei Erzählungen. st 1377

Briefe

Ausgewählte Briefe. Erweiterte Ausgabe. Zusammengestellt von Hermann Hesse und Ninon Hesse. st 211

Gesammelte Briefe. In Zusammenarbeit mit Heiner Hesse herausgegeben von Ursula Michels und Volker Michels. Vier Bände in Kassette. Leinen

Hermann Hesse – Rudolf Jakob Humm. Briefwechsel. Herausgegeben von Ursula und Volker Michels. Leinen

Hermann Hesse – Thomas Mann. Briefwechsel. Herausgegeben von Anni Carlsson (1968), erweitert von Volker Michels (1975), mit einem Vorwort von Prof. Theodore Ziolkowski, aus dem Amerikanischen übersetzt von Ursula Michels-Wenz. Leinen und BS 441

Hermann Hesse – Peter Suhrkamp. Briefwechsel 1945-1959. Herausgegeben von Siegfried Unseld. Leinen

Aquarelle

Hermann Hesse – Kalender auf das Jahr 1997. Mit dreizehn Aquarellen und Federzeichnungen Hermann Hesses

Hermann Hesse als Maler. 44 Aquarelle mit Texten von Hermann Hesse. Ausgewählt und mit einem Nachwort versehen von Volker Michels. Leinen

14/6/8.96

Hermann Hesse im Suhrkamp Verlag und Insel Verlag

Schallplatten

Hermann Hesse – Sprechplatte. Langspielplatte

Hermann Hesse liest ›Über das Alter‹. Zusammengestellt von Volker Michels. Langspiel-Sprechplatte

Materialien

Materialien zu Hermann Hesses ›Demian‹. 1. Band: Die Entstehungsgeschichte in Selbstzeugnissen und Dokumenten. Herausgegeben von Volker Michels. Mit zahlreichen Abbildungen. st 1947

Materialien zu Hermann Hesses ›Demian‹. 2. Band: Wirkungsgeschichte. Herausgegeben von Volker Michels. st 2520

Materialien zu Hermann Hesses ›Das Glasperlenspiel‹. Erster Band. Texte von Hermann Hesse. Herausgegeben von Volker Michels. st 80

Materialien zu Hermann Hesses ›Das Glasperlenspiel‹. Zweiter Band. Texte über das Glasperlenspiel. Herausgegeben von Volker Michels. st 108

Materialien zu Hermann Hesses ›Siddhartha‹. Erster Band. Texte von Hermann Hesse. Herausgegeben von Volker Michels. st 129

Texte über Siddhartha. Zweiter Band. Herausgegeben von Volker Michels. st 282

Materialien zu Hermann Hesses ›Der Steppenwolf‹. Herausgegeben von Volker Michels. st 53

Über Hermann Hesse. Erster Band (1904-1962). Herausgegeben von Volker Michels. st 331

Über Hermann Hesse. Zweiter Band (1963-1977). Herausgegeben von Volker Michels. st 332

Editionen, Vor- und Nachworte

Matthias Claudius: Der Wandsbecker Bote. Mit einem Vorwort von Peter Suhrkamp und einem Nachwort von Hermann Hesse. it 130

Geschichten aus dem Mittelalter. Herausgegeben von Hermann Hesse. Aus dem Lateinischen übersetzt von Hermann Hesse und J. G. T. Graesse und mit Nacherzählungen von Leo Greiner. Neu zusammengestellt von Volker Michels. it 161

Frans Masereel: Geschichte ohne Worte. Ein Roman in Bildern. 60 Holzschnitte. Mit einem Nachwort von Hermann Hesse. IB 433

Jonathan Swift: Gullivers Reisen. Mit Illustrationen von Grandville und einem Vorwort von Hermann Hesse. Aus dem Englischen übersetzt von Franz Kottenkamp. Vervollständigt und bearbeitet von Roland Arnold. it 58

14/7/8.96

Hermann Hesse
im Suhrkamp Verlag
und Insel Verlag

Literatur zu Hermann Hesse

Hermann Hesse. Sein Leben in Bildern und Texten. Mit einem Vorwort von Hans Mayer. Herausgegeben von Volker Michels. Leinen und it 1111

Hermann Hesse. Leben und Werk im Bild. Mit dem ›kurzgefaßten Lebenslauf‹ von Hermann Hesse. it 36

Hermann Hesse in Augenzeugenberichten. Herausgegeben von Volker Michels. Leinen und st 1865

Hugo Ball: Hermann Hesse. Sein Leben und sein Werk. st 385

Adrian Hsia: Hermann Hesse und China. Darstellung, Materialien und Interpretation. SV. Gebunden

Gisela Kleine: Zwischen Welt und Zaubergarten. Ninon und Hermann Hesse: Leben im Dialog. st 1384

Siegfried Unseld: Begegnungen mit Hermann Hesse. st 218

Siegfried Unseld: Hermann Hesse. Werk und Wirkungsgeschichte. Revidierte und erweiterte Fassung der Ausgabe von 1973. Mit zahlreichen Abbildungen. Leinen und it 1112

Theodore Ziolkowski: Der Schriftsteller Hermann Hesse. Wertung und Neuwertung. Deutsch von Ursula Michels-Wenz. Gebunden

14/8/8.96